Eucaristia, nosso tesouro

EDITORA: Cristiana Negrão
ASSISTENTE EDITORIAL: Jocelma Cruz
CAPA: Claudio Tito Braghini Junior
    Tiago Muelas Filú
PROJETO GRÁFICO E DIAGRAMAÇÃO: Claudio Tito Braghini Junior
PREPARAÇÃO: Simone Zaccarias
REVISÃO: Lilian Miyoko Kumai

EDITORA CANÇÃO NOVA
Rua Cachoeira Paulista, s/n - Alto da Bela Vista
12630-000 SP
Telefone [55] (12) 3186-2600
e-mail: editora@cancaonova.com
Home page: http://editora.cancaonova.com

Todos os direitos reservados.

ISBN: 978-85-7677-175-3

© EDITORA CANÇÃO NOVA, Cachoeira Paulista, SP, Brasil, 2009

Padre Jonas Abib

Eucaristia, nosso tesouro

Canção Nova
EDITORA

Sumário

Jesus Sacramentado, nosso Deus amado ... 7
Eucaristia: sacramento de cura ... 8
Jesus, o pão da vida ... 13
Com a Eucaristia vencemos o pecado ... 19
Eucaristia: a nossa defesa ... 23
Resgatar os "lugares santos" ... 27
Adoração: caminho para a cura ... 31
Eucaristia: fortaleza dos Santos ... 34
Jesus, nosso intercessor ... 38
Comunhão dos Santos ... 41
Tempos difíceis chegarão ... 42
Eucaristia: resposta que veio do Céu ... 46
Eucaristia: fonte de misericórdia ... 50
Eucaristia: nosso tesouro ... 56
O milagre de Lanciano ... 63
Eucaristia: antídoto contra todo veneno ... 70
Reagir diante da incredulidade e da impiedade ... 73
A morte está na panela ... 78
Eucaristia: semente da vida eterna ... 83
Adorável Corpo do Senhor ... 86
Reconhecer Jesus presente na Eucaristia ... 89
Estou disposto a morrer pela Eucaristia? ... 92

Jesus Sacramentado, nosso Deus amado

Amados filhos e filhas da Igreja de Deus, com profunda alegria no Senhor apresento mais um dos escritos nascidos do coração do nosso amado Padre Jonas Abib, Eucaristia: nosso tesouro. O próprio nome já diz tudo: ele fará com que o seu coração se aprofunde cada vez mais no maior mistério do amor de Deus: seu Filho Sacramentado, alegria maior da única Igreja de Deus.

Não há dúvida de que, no momento histórico que vivemos, precisamos estar alimentados com a verdadeira santa e católica doutrina e essencialmente experimentar a presença real de Nosso Senhor Jesus Cristo em seu sacramento de amor. Precisamos ser adoradores.

Este livro fará com que você, ainda mais, possa rezar com a alma e com o coração a oração ensinada a nós pelo santo anjo de Portugal, em sua aparição aos pastorinhos Lúcia, Jacinta e Francisco em Fátima: "Meu Deus, eu creio, adoro, espero e amo-vos. Peço perdão por aqueles que não creem, não adoram, não esperam e não vos amam".

Com minha alma adoradora e em nome de todos os adoradores e adoradoras do Corpo de Deus na Terra de Santa Cruz, agradeço ao grande Pastor de almas, Padre Jonas Abib, a alegria de mais um tesouro a todos nós. Que possamos gritar juntos: Jesus Sacramentado, nosso Deus amado.

Com amor, no único e eterno sacerdócio que nos une.

Padre Roberto José Lettieri
FUNDADOR DA FRATERNIDADE DA ALIANÇA TOCA DE ASSIS E
FILHOS E FILHAS DA POBREZA DO SANTÍSSIMO SACRAMENTO

Eucaristia: sacramento de cura

No Evangelho de São João, encontramos o discurso a respeito do Pão da Vida. Jesus antecipa aos discípulos o maravilhoso tesouro que iria nos deixar:

> Quem se alimenta com a minha carne e bebe o meu sangue tem a vida eterna, e eu o ressuscitarei no último dia. Pois minha carne é verdadeira comida e meu sangue é verdadeira bebida. Quem se alimenta com a minha carne e bebe o meu sangue permanece em mim, e eu nele. (Jo 6,54-56)

Depois de ouvirem as palavras de Jesus, os discípulos murmuraram: "Esta palavra é dura. Quem consegue escutá-la?" (Jo 6,60).

Não foi o povo quem disse isso, muito menos os escribas, os fariseus, os doutores da lei, nem mesmo os judeus contrários a Jesus; quem disse isso foram os seus discípulos, os escolhidos para segui-lo. Aqueles que Jesus havia mandado à sua frente, para pregar e operar milagres.

Depois das palavras de Jesus, "muitos discípulos o abandonaram e não mais andavam com ele" (Jo 6,66). Eles partiram e não acompanharam mais o Senhor. Poderíamos até pensar que esse foi um momento de crise dentro do ministério de Jesus, pois corria o risco de perder discípulos, depois de prepará-los e formá-los.

Portanto, se Jesus não quisesse dizer *que seu corpo é verdadeira comida e seu sangue verdadeira bebida*, com certeza teria chamado os discípulos de volta e explicado que se tratava de uma linguagem simbólica, espiritual.

Jesus não voltou atrás no que Ele queria dizer, apesar de seus discípulos não aceitarem. Eles não tiveram a paciência de esperar. Se perseverassem, entenderiam que Jesus lhes daria o seu corpo e o seu sangue na forma de pão e vinho, pois foi isso que Ele realizou na Última Ceia.

Diante dessa situação, Jesus questionou os doze: "Vós também quereis ir embora?" (Jo 6,67). Assim, correu o risco e desafiou os apóstolos. Foi como se dissesse: "Eles foram embora, porque não quiseram aceitar: acharam muito duro. Vocês também querem ir embora? Não posso e não vou voltar atrás. É isto mesmo que vou fazer: dar minha carne como comida e o meu sangue como bebida. Porque minha carne é a verdadeira comida, e o meu sangue é a verdadeira bebida. Vocês querem ir embora também?". Pedro logo respondeu: "A quem iremos, Senhor? Tu tens palavras de vida eterna" (Jo 6,68). Pedro e os apóstolos permaneceram ao lado de Jesus. Pela graça de Deus, também permanecemos com Pedro e os apóstolos, ao ficarmos ao lado da Igreja, que acreditou nas palavras de Jesus: "Pois minha carne é verdadeira comida e meu sangue é verdadeira bebida. Quem se alimenta com a minha carne e bebe o meu sangue permanece em mim, e eu nele" (Jo 6,55-56).

Não podemos ser como os discípulos que se afastaram por considerarem a doutrina muito difícil. Ou, ainda, como aqueles que celebram a ceia, mas não creem que Jesus está realmente presente na hóstia consagrada, renovando o seu sacrifício em cada Santa Missa.

Embora não consigamos entender racionalmente a maravilha que Jesus fez, ficamos com Pedro e com os apóstolos. Permanecemos com a Igreja e professamos: "A quem iríamos, Senhor? Somente tu tens palavras de vida eterna. Cremos e sabemos que tu és o Santo Deus".

Jesus falou em "carne e sangue" para não pensarmos que se tratasse de um símbolo ou somente de um espírito. Ele especificou bem: "Pois minha carne é *verdadeira* comida e meu sangue é *verdadeira* bebida. Quem se alimenta com a minha carne e bebe o meu sangue permanece em mim, e eu nele". Assim, deixa claro o seguinte: "Eu não dou apenas espiritualmente, eu me dou verdadeiramente. O mesmo corpo que foi estraçalhado na cruz e que hoje está diante do Pai é o corpo que eu vos dou. O mesmo sangue que foi derramado na cruz, pela vossa salvação, eu hoje vos dou, para que tenhais a vida eterna, e para ressuscitardes comigo no último dia".

É o mistério da fé. A pessoa humana de Jesus pode estar onde quiser, como o pensamento: não há empecilhos. Pode passar pelas paredes, pelas pedras, não tem peso. É assim o corpo ressuscitado e glorioso de Jesus.

A nossa inteligência não é capaz de assimilar, e muitas vezes questiona: mas é possível ser corpo? Ser carne? Ser sangue?

No Tempo Pascal, os Evangelhos narram várias aparições de Jesus depois da sua ressurreição, como neste trecho do Evangelho de São Lucas:

> Ainda estavam falando, quando o próprio Jesus apareceu no meio deles e lhes disse: "A paz esteja convosco!". Eles ficaram assustados e cheios de medo, pensando que estavam vendo um espírito. Mas ele disse: "Por que estais preocupados, e por que tendes dúvidas no coração? Vede minhas mãos e meus pés: sou eu mesmo! Tocai em mim e vede! Um espírito não tem carne, nem ossos, como estais vendo que eu tenho". E dizendo isso, ele mostrou-lhes as mãos e os pés. Mas eles ainda não podiam acreditar,

tanta era sua alegria e sua surpresa. Então Jesus disse: "Tendes aqui alguma coisa para comer?" Deram-lhe um pedaço de peixe assado. Ele o tomou e comeu diante deles (Lc 24,36-43).

É com esse corpo que Jesus se dá na Eucaristia: um corpo glorioso e ressuscitado. Um corpo que, apesar de ser matéria, já não tem mais peso nem opacidade.

Para um corpo ressuscitado, não há barreiras nem empecilhos. O corpo de Jesus é assim, o corpo de Maria também, e o nosso ainda o será.

Jesus apareceu diversas vezes aos apóstolos. De maneira repentina, se fazia visível e, logo depois, se tornava invisível, para mostrar que já estava ali com eles. Não conseguiam vê-lo, pois os nossos sentidos não têm a capacidade de captar um corpo ressuscitado.

Não se tratava de um espírito – era o seu corpo, tanto assim que tinha os sinais das chagas. Jesus lhes mostrou as mãos e os pés com suas chagas e até comeu entre eles para que percebessem que era Ele mesmo e não "um espírito", como fez questão de explicar: "Vede minhas mãos e meus pés: sou eu mesmo! Tocai em mim e vede! Um espírito não tem carne, nem ossos, como estais vendo que eu tenho" (Lc 24,39).

É com esse corpo que Jesus está na Eucaristia. É Jesus por inteiro: um corpo que tem carne, sangue e ossos; mais ainda, um corpo humano de alguém que sente, ama e perdoa.

Jesus quis concretizar a sua presença na hóstia, sob a forma de pão e vinho, para que compreendêssemos que ao receber a Eucaristia estamos recebendo o seu corpo, que é presença, remédio, cura, alimento e força para nós.

Assim como o alimento nos sustenta e o remédio age sobre a nossa doença, a Eucaristia é o próprio Senhor que vem a nós como alimento e remédio para atingir a nossa enfermidade, nosso ponto fraco.

Santo Agostinho, doutor da Igreja, nos fala: "A Eucaristia é o pão de cada dia, que se toma como remédio para a nossa fraqueza de cada dia".

É o Senhor que revigora a nossa fé, para aproveitarmos toda a maravilha que é a Eucaristia. "Aquele que come a minha carne e bebe o meu sangue permanece em mim e eu nele".

Nunca compreendemos como o Senhor dá seu corpo e sangue na forma de pão e vinho. Será sempre um mistério da fé, mas Jesus, sabendo disso, veio em auxílio da nossa fraqueza, da nossa incredulidade. É por isso que realizou prodígios; para que pudéssemos aceitar com mais facilidade; para que nossa inteligência não ficasse no escuro. Assim, Jesus andou sobre as águas, multiplicou os pães, apareceu aos apóstolos após a sua ressurreição; tudo para que soubéssemos que Ele tem o poder de realizar aquilo que produziu na Eucaristia.

Rezemos, pedindo ao Senhor o revigoramento de nossa fé:

Creio, Senhor, que tu estás presente na Eucaristia. É o teu corpo, o teu sangue, a tua alma e divindade. É o Senhor vivo e ressuscitado que me vê, me acolhe, me ama e perdoa. Senhor, não consigo tocar-te nem sentir-te, mas sei que estás presente na hóstia consagrada e isso me basta. Obrigado, Senhor, porque creio, porque recebi de Pedro e dos apóstolos essa fé, para que eu usufrua de todas as graças que a Eucaristia me oferece. Amém!

Jesus, o pão da vida

Por meio de milagres, Jesus quis que percebêssemos que tudo é possível para Deus.

No Evangelho de São João, está narrado o milagre da multiplicação dos pães. Uma multidão tinha seguido Jesus, passando o dia inteiro com Ele. Como já era tarde, o próprio Jesus se preocupou em dar alimento àquele povo:

> Um dos discípulos, André, irmão de Simão Pedro, disse: "Está aqui um menino com cinco pães de cevada e dois peixes. Mas, que é isso para tanta gente? Jesus disse: "Fazei as pessoas sentar-se". Naquele lugar havia muita relva, e lá se sentaram os homens em número de aproximadamente cinco mil. Jesus tomou os pães, deu graças e distribuiu aos que estavam sentados, tanto quanto queriam. E fez o mesmo com os peixes. Depois que se fartaram, disse aos discípulos: "Juntai os pedaços que sobraram, para que nada se perca!". Eles juntaram e encheram doze cestos, com pedaços que sobraram dos cinco pães de cevada que comeram. (Jo 6,8-13)

Ali estava um menino com cinco pães e dois peixes. Jesus abençoa seus pães e os multiplica.

Não surgiu de repente uma "montanha" de pão. Jesus usou aqueles cinco pães e os dois peixes e distribuiu-os aos apóstolos, para que dessem às pessoas.

Ele não criou o pão e o peixe do nada, Jesus tomou aquilo que havia e multiplicou-o.

A multidão inteira comeu até se fartar e foram recolhidos os pedaços que sobraram, comprovando que era realmente pão: não foi uma ilusão de um povo esfomeado.

Após o milagre, o povo quis proclamar Jesus como rei, mas Ele retirou-se. Foi sozinho para o alto da montanha rezar e mandou que os apóstolos despedissem a multidão. Ao anoitecer, seus apóstolos navegaram mar adentro, dirigindo-se a Cafarnaum.

Durante a noite, formou-se uma grande tempestade, o vento era forte e os apóstolos estavam correndo perigo. Diante dos seus que estavam em dificuldade, Jesus desceu até o lago; como não havia mais barco, foi ao encontro dos apóstolos andando sobre a água:

> Soprava um vento forte, e o mar estava agitado. Os discípulos tinham remado uns cinco quilômetros, quando avistaram Jesus andando sobre as águas e aproximando-se do barco. E ficaram com medo. Jesus, porém, lhes disse: "Sou eu. Não tenhais medo!" Eles queriam receber Jesus no barco, mas logo o barco atingiu a terra para onde estavam indo. (Jo 6,18-21)

Quando os apóstolos viram aquele vulto, que parecia um fantasma andando sobre a água, começaram a gritar de medo. Jesus, então, tentou tranquilizá-los e disse: "Sou eu. Não tenhais medo".

Jesus fez com seu corpo o que quis, superando todas as leis da natureza. Ele não estava sujeito à lei da gravidade, por isso andou tranquilamente sobre as águas. Para Ele, tudo é possível!

Assim, o Senhor quis mostrar ao povo, aos discípulos e aos apóstolos que Ele tinha pleno poder sobre seu corpo.

Foi uma preparação para o que iria lhes apresentar logo em seguida: depois da multiplicação dos pães e de andar sobre a água, Jesus lhes fala da grande maravilha da Eucaristia:

Eu sou o pão da vida. Os vossos pais comeram o maná no deserto e, no entanto, morreram. Aqui está o pão que desce do céu, para que não morra quem dele comer. "Eu sou o pão vivo que desceu do céu. Quem come deste pão viverá eternamente. E o pão que eu darei é a minha carne, entregue pela vida do mundo". (Jo 6,48-51)

Se Jesus fez com o pão e com o seu corpo o que quis, multiplicando os pães e andando sobre as águas, por que não pode fazer do seu corpo verdadeira comida e do seu sangue verdadeira bebida? Por que Ele não pode fazer do pão e do seu corpo o que quiser?

Quando comungamos, recebemos realmente o corpo do Senhor: o corpo de uma pessoa viva que tem carne, sangue, ossos, sentimentos e coração.

"Os judeus discutiam entre si: 'Como é que ele pode dar a sua carne a comer?'" (Jo 6,52). Jesus sabia das dúvidas que viriam e do que haveriam de dizer: que a Eucaristia é apenas um símbolo, que é apenas uma entrega "espiritual" do Senhor à sua Igreja. Por isso Ele tornou a afirmar: "Pois minha carne é *verdadeira* comida e meu sangue é *verdadeira* bebida. Quem se alimenta com a minha carne e bebe o meu sangue permanece em mim, e eu nele."

Quem recebe a Eucaristia recebe o corpo do Senhor. É o Senhor permanecendo em nós, e nós, nele. Quando comungamos, é a pessoa inteira de Jesus que recebemos. É Jesus Ressuscitado com seu corpo glorioso. Entramos em comunhão com suas chagas, que foram abertas por nós, para curar as nossas feridas e as marcas que o pecado nos deixou. Comungamos o coração do Senhor, que amou e ainda ama cada um de nós: o mesmo coração que foi perfurado pela lança.

O corpo de Jesus, presente na Eucaristia, vem atingir plenamente o nosso ser.

Quantas pessoas hoje sofrem de depressão, angústia, tensão e insônia, e dependem de remédios para dormir e viver com um pouco de tranquilidade. Malefícios que são consequência da tentação, que vem para destruir tudo em nossa vida.

Para suportar a batalha espiritual na qual estamos envolvidos, precisamos da Eucaristia.

As dificuldades que temos experimentado na área da sexualidade, seja qual for o problema, são o "jogo sujo" do inimigo. Ele quer nos atingir naquilo em que somos mais frágeis: nossa sexualidade.

Trazemos em nós o próprio poder criador de Deus: o homem fecunda e a mulher gera e dá à luz uma nova vida. É a sociedade entre Deus e a criatura humana que gera novos filhos. Mas o inimigo se aproveita de nossa fragilidade nessa área nos tentando constantemente, para que usemos nossa sexualidade de forma totalmente desvirtuada.

Somos carentes de amor, de afeto: não recebemos amor suficiente dos nossos pais. Não fomos valorizados por pessoas importantes para nós, na nossa casa, na escola. Logo, quando começamos a despertar para a vida afetiva, o que costumam nos oferecer é sexo, e não amor.

Procuramos dar e receber amor, mas, muitas vezes, o que recebemos é sexo, e sexo sujo. Muitos rapazes e moças, meninos e meninas, já passaram por essa experiência, que é a origem de todo o estrago.

Para vencermos essa batalha em que o próprio tentador quer acabar conosco, destruindo-nos pela parte mais fraca, precisamos da Eucaristia. A nossa força, o nosso alimento, o nosso remédio será a Eucaristia. Ela é o próprio Corpo do Senhor, dado ao nosso corpo ferido pelo pecado.

Jesus, pessoalmente, vem até nós, para nos curar e libertar. Passar horas com Jesus no sacrário é o melhor remédio, a melhor terapia. Não imaginamos o efeito que isso produzirá em nossa vida, em nossa mente, em nosso coração, nas nossas emoções e também na nossa sexualidade. O Senhor realizará até mesmo as curas físicas de que precisamos.

Jesus Eucarístico, pela força do Espírito Santo, quer curar toda a área da nossa afetividade e sexualidade, Ele vem curar toda a esterilidade que o mundo nos trouxe. Ele vem nos devolver vida.

Deus não quis gerar filhos sozinho, e também não era possível que a criatura humana, sozinha, criasse filhos. Deus quis fazer uma sociedade com a criatura humana para povoar de filhos esta Terra e o Céu!

É necessário expor a Deus tudo o que marcou a nossa sexualidade e afetividade. Há pessoas que, ainda crianças ou adolescentes, foram violentadas por seus pais e vítimas de desregramentos. Muitos pais levaram os filhos para a prostituição. As experiências vividas durante a infância minam a pureza do nosso coração. Todos temos marcas e precisamos nos deixar curar pelo Senhor.

Diante de Jesus Eucarístico, permita que Ele realize toda a obra de restauração em sua afetividade e sexualidade:

Recebe, Senhor, a minha mente, o meu coração e o meu físico; abre-me à conversão. Converte-me, Jesus. Não quero estar fechado à tua graça. Vejo os meus inúmeros erros: meus pensamentos, meus sentimentos. Preciso de conversão, Senhor. Enche-me com o teu Espírito Santo, para que Ele possa fazer de mim uma pessoa nova. Apresento a ti, Senhor, o meu desejo de fidelidade: uma nova mente, um novo coração, um corpo rejuvenescido pela castidade e pureza da alma e coração. Eu escolho a santidade, Senhor. Jesus, não me envergonho de fazer o caminho de volta, mesmo tendo cometido inúmeros pecados na área da sexualidade. Eu me decido pela castidade. Digo sim e choro pelos meus pecados Toda a minha pessoa está em ti, Jesus Cristo. Por isso eu recebo a vida nova. Todo o meu passado de erros é entregue a ti, Senhor. Entrego a minha sexualidade: toda a minha primeira infância, adolescência, juventude, enfim, toda a minha vida, até o dia de hoje. Toda a minha vida afetiva, entrego na tua presença: minha feminilidade ou masculinidade. Peço a libertação completa, porque sou todo teu. É o Senhor que me cura, liberta e salva. Senhor, olha para mim e para todas as minhas feridas: como estou chagado e necessitado de cura. Jesus, estou como a página em branco de um livro, para que o Senhor mesmo comece a escrever uma história nova. Hoje entrego minha vida, minha sexualidade e minha afetividade. Liberta-me dos maus pensamentos, das fantasias... controla toda a minha imaginação. Salva-me, Senhor, de todas as artimanhas do demônio, para que eu não caia nas malhas de uma vida depravada, impura, mentirosa e ilusória, acreditando que as coisas erradas, que me dão prazer, são boas. Liberta-me da infidelidade matrimonial. Senhor, cura e liberta. Vem me salvar! Obrigado, Senhor Jesus, porque a tua luz está entrando em toda a minha vida: no meu passado, nos meus antepassados, até o dia de hoje. Obrigado, Senhor Jesus, porque as sensações, os sentimentos, as fantasias que se passavam em mim serão novos, porque tudo foi purificado. Fui liberto. Sou curado. Sou de Jesus Cristo. E, a partir de hoje, me volto só para Ele. Para o Reino de Deus. O passado está na misericórdia do Senhor. Tenho um olhar e uma mente nova, pois Jesus renova tudo em mim. Obrigado, Senhor. Amém.

Com a Eucaristia vencemos o pecado

Vivi uma experiência inesquecível há algum tempo. Num encontro onde estive pregando, durante uma missa, enquanto distribuía a comunhão, percebi uma alergia muito intensa na mão de uma pessoa que receberia a Eucaristia. No momento em que coloquei a hóstia na sua mão, a alergia desapareceu. Após esse episódio, fiquei me perguntando: "Senhor, o que vi foi mesmo real ou impressão minha? O Senhor curou?".

Após a comunhão, durante uma oração de cura, comecei a orar pelos presentes e tive coragem de anunciar aquela cura. Falei em voz alta: "Onde você estiver, se manifeste e mostre para as pessoas a sua mão". A resposta foi imediata: com lágrimas nos olhos, a pessoa mostrou a todos a sua mão curada.

Recebemos, na Canção Nova, muitos testemunhos de pessoas que foram curadas fisicamente através da Eucaristia. O Senhor tem realizado verdadeiros milagres.

A Eucaristia é como um remédio que temos de tomar constantemente, até ficarmos curados, principalmente quando a nossa luta é contra um determinado pecado que não conseguimos vencer.

Se frequentemente recebermos o corpo do Senhor, seremos vencedores nessa luta em busca da cura e libertação.

Você já viu algum doente sentir vergonha de tomar remédio porque já tomou muitos medicamentos e não foi curado? Não há motivo para se vergonhar. O que o doente deve fazer é continuar tomando o remédio, até ser curado. Com a Eucaristia também é assim.

Muitas vezes, o inimigo insinua que não podemos continuar comungando, porque nos confessamos e constantemente caímos no mesmo pecado. Isso é tentação! Ele sabe que o remédio é a Eucaristia. Isso não significa que você pode comungar em pecado. Comungue para vencer o pecado.

Muitas pessoas dizem: "Já confessei muitas vezes o mesmo pecado, não quero ser sem-vergonha e ficar confessando isso sempre". Não diga isso, não é vergonhoso tratar de sua ferida até que ela esteja curada por completo. Isso é artimanha do tentador.

Quando estamos em tratamento médico, enquanto não somos curados, voltamos várias vezes ao consultório. Podemos mudar de médico, mas continuamos tomando remédio até nos curarmos completamente.

Com o pecado, que é doença da alma, precisamos agir assim também: confessar quantas vezes forem necessárias e comungar frequentemente; porque a cura do pecado é mais difícil do que a cura das doenças físicas.

Precisamos desses dois sacramentos: Eucaristia e Penitência. Confesse e comungue, mesmo que sinta fraqueza ou tentação. Enquanto não voltarmos a pecar gravemente, comunguemos sem medo. É o mesmo processo usado para o tratamento de uma ferida: limpamos primeiro, depois colocamos o remédio. Assim deve ser com a ferida da alma: limpá-la por meio da Confissão e em seguida medicá-la – com a Eucaristia – para curá-la.

Santa Teresinha, numa de suas cartas dirigidas a sua irmã, disse: "Não é para ficar numa âmbula de ouro que Jesus desce a cada dia do céu, mas para encontrar um outro céu na nossa alma, onde ele encontra suas delícias", e continua: "quando o demônio não pode entrar com o pecado no santuário de uma alma, quer pelo menos que ela fique vazia, sem dono, afastada da comunhão". A própria Santa Teresinha experimentou esta tentação e assim expressou: "Ele quer que ela fique vazia, afastada da comunhão!".

Deus quer combater as nossas feridas, e para isso precisamos desses dois sacramentos, que são amostras do amor infinito de Jesus por nós.

Ele nos manda perdoar setenta vezes sete, porque também está disposto a nos perdoar setenta vezes sete, até que sejamos curados.

É pela nossa perseverança que venceremos. Lute! Jesus já lhe deu o remédio infalível: a Confissão e a Eucaristia. A vitória está em nossas mãos!

Jesus quis dar-se totalmente na Eucaristia para vir em nosso auxílio e nos curar de acordo com as nossas necessidades: em nossa mente, nossos olhos, nossos ouvidos, nossos lábios, nosso corpo, nosso coração, nossa sexualidade. Ele vem pessoalmente, "corpo a corpo", para nos curar e nos dar a vitória sobre o pecado.

Reze agora, agradecendo a Jesus por esse grande presente que nos deixou:

Obrigado, Senhor, pela oportunidade que tenho diariamente de receber-te na comunhão e assim receber tantas graças de que necessito, especialmente a de vencer a tentação e o pecado. Creio que serei vitorioso, usando esse poderoso remédio que é a Eucaristia. Senhor, obrigado por todo esclarecimento que recebi a respeito da Eucaristia. Dá-me, Senhor, deste Pão, para que eu possa ser curado e ressuscitado, conforme a promessa que está em tua Palavra: "Quem se alimenta com a minha carne e bebe o meu sangue tem a vida eterna, e eu o ressuscitarei" (cf. Jo 6,54-56). Ressuscita-me, Senhor Jesus. Amém!

Eucaristia: a nossa defesa

Na vida de Santa Clara houve um episódio maravilhoso, em que se evidencia a força, a ação e o poder do Santíssimo Sacramento.

Naquela época, os árabes, seguidores de Maomé, estavam invadindo a Europa para destruir o cristianismo e fazer calar o Evangelho de Jesus. Já haviam feito isso na Terra Santa, construindo mesquitas sobre os lugares onde Jesus nasceu, viveu e morreu, mostrando que eles e sua religião "estavam por cima". Queriam acabar com o cristianismo e até mesmo com a lembrança de Jesus Cristo.

Ao chegar a Assis, na Itália, dirigiram-se para o convento, onde moravam Clara e suas irmãs, com o propósito de acabar com aquelas moças consagradas a Deus. Entraram em Assis e invadiram aquele núcleo fortíssimo do cristianismo autêntico, que pregava e vivia o Evangelho. Sabiam que Francisco estava morto e que lá estariam seus irmãos e as irmãs de Clara.

Quando soube que aqueles homens se dirigiam para o convento, armados e dispostos a destruir tudo, Clara, mesmo doente, foi até o sacrário, pegou o ostensório com a hóstia consagrada e o trouxe em suas mãos.

Era a arma que ela e suas irmãs tinham naquele momento. Então, foi até a janela que dava para o pátio e apresentou o Santíssimo Sacramento diante daqueles homens, que já estavam bem próximos, subindo a colina. Repentinamente, eles começaram a fugir em debandada. Aconteceu no meio deles uma grande confusão e, sem entender o que se passava, todos se retiraram.

Clara permaneceu com o ostensório diante da janela até que todos fossem embora. Depois, ela e suas irmãs entraram, dando graças a Jesus ali presente na Eucaristia, porque tinham presenciado seu poder libertador.

Aqueles homens contaram depois que, ao subirem em direção ao convento, foram ofuscados por raios provenientes de algo dourado que uma mulher estava segurando. Os raios eram violentos, como em dia de tempestade, e ofuscavam seus olhos. Por isso se retiraram em debandada, numa grande confusão. Enquanto eles não foram embora, os raios não cessaram.

Hoje a nossa defesa diante dos problemas que enfrentamos em nossa casa, com os filhos, com o casamento, com nossa família está na presença real de Nosso Senhor Jesus Cristo, no Santíssimo Sacramento.

Todas as quintas-feiras na Canção Nova vivemos um dia de adoração. Empunhamos o ostensório, como fez Clara de Assis, para que o Senhor derrote os inimigos que querem nos atingir e destruir nossas famílias, nossos filhos, nossos casamentos. Cada vez que fazemos isso, é uma guerra que estamos travando, uma batalha. Empunhamos o ostensório e levantamos o Santíssimo Sacramento, para que o próprio Cristo Jesus seja adorado e amado nesta Terra de Santa Cruz.

Recebemos muitos testemunhos de todo Brasil, fruto dessas quintas-feiras de adoração. São curas, libertações, reconciliações, conversões, verdadeiros milagres que acontecem durante a adoração ao Santíssimo Sacramento.

Este é um deles:

Padre Jonas Abib

"Estimados irmãos em Cristo,
Quero louvar, agradecer e bendizer ao Senhor, nosso Deus, pelas maravilhas de suas obras. Escrevo-lhes para contar a graça recebida em fevereiro de 1998.

Meu cunhado estava muito doente e toda família rezava por ele. Durante a quinta-feira de adoração na Canção Nova, eu estava assistindo a TV e rezando. Ao entrar o Santíssimo Sacramento, comecei a rezar pelo meu cunhado. Naquele instante, a pessoa que estava conduzindo mandou que todos pedissem não para si, mas por alguém. Então pedi com mais confiança e fervor.

Logo o Padre Jonas falou: você que está pedindo por um parente seu, Jesus está tocando essa pessoa e curando, não só fisicamente, mas fazendo maravilhas em sua vida. O Padre Jonas continuou narrando que era muito lindo o que Jesus estava fazendo com a pessoa e que ela iria melhorar e até a tarde estaria bem melhor. Senti que era para o meu cunhado e tive a confirmação à tarde, quando cheguei à casa dele: ele já estava de pé, tinha melhorado muito e foi melhorando cada vez mais até o restabelecimento completo (conforme o Padre Jonas havia falado). Graças a Deus.

Como estava surpresa com tudo, não falei nada a ninguém.

Na segunda-feira, meu cunhado foi com a família até a Canção Nova, à Missa de Cura e Libertação, sem saber nada da quinta-feira de adoração, pois eu não havia lhe contado.

O mais lindo é que a conversão foi acontecendo e meu cunhado, que havia 25 anos não se confessava, não comungava e nem participava da missa aos domingos, no mês de junho, mês do Sagrado Coração de Jesus, do qual sou muito devota, se confessou, comungou e agora participa da missa aos domingos.

Foi então que contei tudo a ele, a respeito da quinta-feira de adoração, pela TV Canção Nova.

Estou escrevendo dando o meu testemunho e dizendo ao Senhor muito obrigado.

Deus os abençoe e derrame sobre vocês muitas graças.

Abraços, Maria Sueli."

Através da adoração ao Santíssimo Sacramento, resgatamos famílias inteiras para Deus, lugares santos, nossas famílias, que estavam sob a posse do inimigo e na mira de sua destruição.

Hoje, o inimigo quer destruir esses lugares santos, que são nossas famílias, nossas casas, nossos casamentos... O inimigo quer tirar até mesmo a lembrança de Jesus dos nossos lares. É uma luta desleal!

Um dos diversos meios que o inimigo utiliza para entrar nas nossas casas e destruir nossas famílias é a televisão. Esse potente meio de comunicação, em quase sua totalidade, tem sido usado de maneira destrutiva. A maioria das pessoas não calcula o alcance do mal que a televisão pode causar, principalmente para seus filhos que, desde crianças, convivem com a sensualidade veiculada por programas televisivos e determinadas músicas.

Tudo isso faz parte de um projeto do inimigo para atingir as nossas crianças, destruindo-as na alma, no coração.

Nessa luta desleal, a nossa defesa está no Senhor, que fez o Céu e a Terra e está presente na Eucaristia.

A fim de enfrentarmos essa grande batalha, em defesa dos nossos filhos, vamos fazer como Clara de Assis: empunhar o ostensório com o Santíssimo Sacramento diante do nosso lar.

É preciso ousadia para combater o inimigo, porque, do contrário, perderemos para ele a posse do nosso lar, dos nossos lugares santos. Foi assim que São Francisco e seus irmãos, por inspiração de Deus, compraram, em dinheiro, lugar por lugar da Terra Santa.

Graças ao ato de São Francisco e de seus irmãos, a casa onde Nossa Senhora recebeu o anúncio do anjo transformou-se na Basílica da Anunciação, em Nazaré. Para ter os direitos sobre aquele espaço e muitos outros lugares santos, os franciscanos compraram terreno por terreno. Quando não conseguiam adquirir o local, compravam o terreno ao lado, como aconteceu com o Cenáculo, o Calvário e o Santo Sepulcro. Fizeram tudo isso para impedir o que os árabes desejavam realizar: a destruição das lembranças que aquelas terras evocavam, o apagamento da memória de Jesus. Se não fosse a ousadia dos franciscanos, não teríamos mais esses lugares santos.

Resgatar os "lugares santos"

Precisamos resgatar nossos "lugares santos". Seguindo o exemplo de São Francisco e seus irmãos, devemos comprar e resgatar para Deus os lugares santos e, como consequência, arrancar a nossa casa das mãos do inimigo.

Na Canção Nova, levamos isso muito a sério. Queremos resgatar a sua casa para você e para Deus; queremos comprá-la a preço de dinheiro, suor, lágrimas e sangue.

Quantos pais e mães lamentam dizendo "Eu não sei mais o que fazer!", e acabam "entregando os pontos". Foram aos poucos perdendo o comando de sua casa para o inimigo, a ponto de não saberem mais como agir. Percebem que não têm mais o domínio, a direção do lar... nem do próprio casamento...

É preciso investir "pesado" na oração e resgatar para Deus a família.

Principalmente você, pai ou mãe, que já não sabe mais como educar os filhos. Não sabe quando dizer sim ou não, quando permitir ou proibir... Em Jesus Eucarístico, você encontrará a força e a sabedoria para retomar a direção da sua casa.

Pai e mãe constituem a autoridade no lar. Não se trata de autoritarismo, dominação, rudeza. A palavra autoridade vem de autor: aquele que detém a autoria.

O pai é coautor, pois participou com Deus na criação de seus filhos: ele detém a autoridade legítima estabelecida pelo próprio Deus sobre a sua casa. Quem quer a perda de autoridade é o inimigo, pois é o rebelde e o desobediente desde o começo.

O demônio é contra a autoridade de Deus e, com isso, contra todo tipo de autoridade. Ele é o desordeiro por excelência e quer fazer da sua casa uma confusão. Quando não há autoridade, tudo fica em desordem e se torna um terreno propício para o livre acesso do inimigo.

Deus quer devolver aos pais aquilo que lhes pertence: a autoridade, pois o Senhor quis que o pai fosse o coautor de cada um de seus filhos.

Toda a força para resgatar a autoridade dos pais sobre os filhos vem de Jesus, o filho obediente, que está na Santíssima Eucaristia.

A paternidade e a maternidade são muito sagradas e santas. Por isso não pode haver infidelidade entre o casal. Não pode haver profanação do matrimônio realizado em Deus.

Para prejudicar seu casamento, o inimigo quer arrastá-lo para o adultério. Ele atiça a sua vaidade ao fazê-lo se sentir capaz de seduzir e conquistar. Mas é preciso ter olhar espiritual e enxergar que é o inimigo quem quer acabar com o seu casamento, seja você homem ou mulher.

Deus nos deu a sexualidade não para ser profanada. Assim como não se pode ser louco para usar seringas ou agulhas contaminadas, também não podemos ser loucos de permitir que o inimigo profane um dom tão precioso como a nossa sexualidade.

Se caiu nesse erro, precisa fazer logo uma boa confissão e começar a viver uma vida de castidade.

Você precisa ser uma pessoa profundamente eucarística, porque só o calor que emana da Santíssima Eucaristia pode eliminar os "micróbios espirituais" adquiridos numa vida sexual errada. Assim como se coloca uma seringa contaminada para ser esterilizada numa autoclave é preciso estar diante de Jesus Sacramentado para sermos descontaminados de toda impureza.

Só por meio da Santíssima Eucaristia, comungando frequentemente e adorando Jesus no Santíssimo Sacramento, conseguiremos forças para prosseguir numa vida de santidade.

Se você contraísse qualquer doença grave, certamente tomaria todos os remédios indicados pelo médico. O remédio para curar as doenças espirituais é a Eucaristia. É o próprio corpo e sangue, alma e divindade do Nosso Senhor Jesus Cristo, o remédio eficaz para o corpo e para a alma.

Comungando o corpo do Senhor, nossos pensamentos, sentimentos, ideias e fantasias serão purificados. A descontaminação acontece pela Eucaristia.

Além de recebermos Jesus Eucarístico, é preciso adorá-lo no Santíssimo Sacramento. Seja adorador! Se, por vários motivos, não puder permanecer por muito tempo em adoração, passe pelo menos cinco minutos por dia diante de Jesus presente no sacrário.

Somos incapazes de imaginar os benefícios que recebemos quando estamos em adoração diante do Santíssimo Sacramento. Estamos diante do Senhor, apesar de não vê-lo e senti-lo. Os nossos sentidos não captam, mas Jesus está ali, nos vendo com olhos humanos, sorrindo ou chorando conosco.

Da mesma forma que nos unimos ao sofrimento de alguém que amamos, Jesus une-se a nós. No momento em que estamos diante do Santíssimo Sacramento, Jesus está diante de nós. Não fazemos favor nenhum em estar na sua presença, pelo contrário, é Ele quem nos faz um enorme favor.

Jesus na Eucaristia deseja ardentemente esse encontro, e, como ovelhas machucadas, precisamos nos encontrar com Ele para a nossa cura.

Assim como os raios vindos do ostensório apresentado por Clara de Assis àqueles homens, raios do poder de Deus virão e permanecerão sobre nós. Nos poucos minutos diante do Santíssimo Sacramento, tomaremos um banho de luz, de poder, de divindade e voltaremos para as nossas atividades, nosso serviço, nossa casa, impregnados da presença de Deus.

Se você tiver a oportunidade de fazer adoração ao Santíssimo durante meia hora, uma hora, ou até ficar em vigília, faça! Isso trará inúmeros benefícios para você e para sua família. Se não pode ficar um longo tempo com Jesus na Eucaristia, procure fazer pequenas visitas. Ao passar por uma igreja, entre, ajoelhe e por alguns instantes diga palavras de amor a Ele.

São João Bosco dizia:

> Quereis que o Senhor vos dê muitas graças? Visitai-o muitas vezes. Quereis que ele vos dê poucas graças? Visitai-o raramente. Quereis que o demônio vos assalte? Visitai raramente a Jesus Sacramentado. Quereis que o

demônio fuja de vós? Visitai a Jesus muitas vezes. Quereis vencer o demônio? Refugiai-vos sempre aos pés de Jesus. Quereis ser vencidos? Deixai de visitar Jesus. Meus caros, a visita ao Santíssimo Sacramento é um meio muito necessário para vencer o demônio. Portanto, ide frequentemente visitar Jesus, e o demônio não terá vitória contra vós.

Quanto mais fracos nos sentimos em nossa sexualidade, em nossos pensamentos e vontade, mais precisamos da Eucaristia comungada e adorada. Assim obteremos, em Jesus Sacramentado, toda força, coragem, ânimo e destemor de que precisamos.

Quando adoramos Jesus na Eucaristia, Ele nos injeta a salvação, purifica-nos e liberta-nos.

Que Jesus entre na sua casa e comece a reinar. Que o Santíssimo Sacramento se levante para abençoar o Brasil, o seu lar, seu casamento, seus filhos, sua maternidade e sua paternidade.

Adoração: caminho para a cura

A cura física e espiritual de que necessitamos está na adoração. Está em nos aproximarmos do trono da graça com o propósito de sermos atingidos pela divindade de Nosso Senhor Jesus Cristo.

Precisamos adorar em espírito e em verdade. Mesmo na fraqueza, usar nossa boca, nossa mente, nossos sentimentos, nossos joelhos para adorar a Jesus. A cura virá sobre nós. Essa é a maneira de o Senhor agir.

Quando Jesus se encontrou com a samaritana, teve a coragem de dizer toda a verdade sobre sua vida. Mostrou-se como pecador, expôs suas feridas, mas apontou o caminho para a cura: estar na presença de Deus. Lembremos de suas palavras: "Mas vem a hora, e é agora, em que os verdadeiros adoradores adorarão o Pai em espírito e verdade. Estes são os adoradores que o Pai procura" (Jo 4,23).

Jesus apontou o caminho para a cura: a adoração. O Pai está procurando adoradores em espírito e em verdade. Adorar em espírito quer dizer colocar o nosso espírito em adoração. Temos a graça do batismo no Espírito Santo, somos cheios dos seus dons, Ele ora em nós. Mesmo que nossa carne esteja doente, podemos orar no espírito.

Talvez estejamos com a alma cheia de dor em decorrência de problemas e situações que parecem ser difíceis de resolver. Por isso não temos palavras para adorar o Senhor. Mas, na carta de São Paulo aos Romanos lemos: "O Espírito vem em socorro da nossa fraqueza. Pois não sabemos o que pedir nem como pedir; é o próprio Espírito que intercede em nosso favor, com gemidos inefáveis" (Rm 8,26).

Não temos palavras para nos expressar diante de Jesus Eucarístico, mas o Espírito vem em nosso auxílio. Se você se entrega nesse tipo de oração, mesmo em meio a muita dor e lágrimas, estará adorando em espírito.

Quando não conseguimos rezar, é provável que estejamos envolvidos numa grande tentação, num redemoinho que envolve nossos sentimentos, nossa vontade e nossa carne. Nesse redemoinho de tentação, a oração em Espírito nos salvará do pecado.

A adoração nos tira das garras do inimigo. Mesmo sem palavras, adoramos em espírito. Diante do Trono da Graça, a divindade daquele que nos amou, nos escolheu e nos salvou age em nós, e assim somos vitoriosos. Na adoração, a tentação é obrigada a ceder.

Peça ao Espírito Santo a graça de viver essa adoração, peça a Ele para que você adore "em espírito e verdade":

Padre Jonas Abib

Jesus, coloco-me diante da tua presença eucarística e peço a graça de que o meu olhar esteja totalmente voltado para ti, com todo o meu ser. Que nada nesse momento desvie o meu olhar da tua presença. Estou aqui para reconhecer-te como meu Deus, meu Senhor e meu Salvador. Professo a minha fé na Eucaristia. Creio que tu és o Cristo, o Filho de Deus vivo, presente na Santíssima Eucaristia. Diante de Ti, Senhor, percebo todas as minhas misérias, pecados e infidelidades. Mas também percebo como é grande o teu amor ao me permitir chegar ao trono da tua graça para ser curado. Reconheço que sou pecador, e muitas vezes não acredito, não amo e não adoro tua presença eucarística. Porém, me disponho a entrar em intimidade contigo e retomar a minha fé no Santíssimo Sacramento. Começo agora falando de tudo aquilo de que o meu coração está cheio. Recebe os meus sentimentos, minha vida, meus problemas, alegrias e angústias, gratidões e ingratidões... Louvo, Senhor, a tua vitória sobre a minha vida e também sobre a minha família. Proclamo toda a força de tua ressurreição sobre a minha vida. Proclamo tua vitória sobre os problemas que humanamente não consigo resolver. Proclamo, em teu nome, que sou vitorioso. Proclamo a tua vitória sobre o meu futuro e sobre aquilo que vivo hoje. Proclamo tua vitória sobre todas as situações do meu passado e que pesam sobre o meu presente Toma posse, Senhor, de toda minha história, para que eu seja vitorioso em ti. Bendito seja o teu nome por esse momento de graça e libertação, Senhor! Amém!

Eucaristia: fortaleza dos Santos

No trecho do livro do Apocalipse abaixo, encontramos uma grande promessa de Jesus:

> Eu repreendo e educo os que eu amo. Esforça-te, pois, e converte-te. Eis que estou à porta e bato; se alguém ouvir minha voz e abrir a porta, eu entrarei na sua casa e tomaremos a refeição, eu com ele e ele comigo. Ao vencedor farei sentar-se comigo no meu trono, como também eu venci e estou sentado com meu Pai no seu trono. (Ap 3,19-21)

Estamos a caminho dessa vitória. Queremos estar com Jesus na glória, sentar com Ele como Ele está assentado com o Pai no Céu. Mas o próprio Jesus nos diz que para isso há uma condição:

> Se não comerdes a carne do Filho do Homem e não beberdes o seu sangue, não tereis a vida em vós. Quem se alimenta com a minha carne e bebe o meu sangue tem a vida eterna, e eu o ressuscitarei no último dia. (Jo 6,53-55)

Se queremos ter a vida em nós mesmos, vida plena e eterna, precisamos da Eucaristia: comungar frequentemente e adorar a Jesus no Santíssimo Sacramento, para vencer com Ele e ressuscitar no último dia. Ao participarmos vivamente do sacrifício da missa, quando comungamos com o Corpo e Sangue de Cristo, Ele renova para nós o mesmo sacrifício do calvário.

A cada missa, Jesus nos faz este convite: "Eis que estou à porta e bato; se alguém ouvir minha voz e abrir a porta, eu entrarei na sua casa e tomaremos a refeição, eu com ele e ele comigo". É por isso que nossa presença na celebração eucarística precisa ser profunda e fervorosa, pois é o próprio Jesus que se dá nessa ceia.

No mesmo trecho do Apocalipse já citado, o Senhor nos diz: "Eu repreendo e educo os que eu amo. Esforça-te, pois, e converte-te". Temos a crença de que a cada missa Jesus renova o seu sacrifício, mas, infelizmente, a nossa fé não tem sido traduzida em atos.

A ordem de Deus, na Palavra, é "Esforça-te, pois, e converte-te". Estamos muito relaxados. Muitas pessoas vão à missa, mas não participam, não se colocam inteiramente na celebração. Estão somente de corpo presente, por obrigação.

Nossa mentalidade precisa ser mudada! Em cada missa o Senhor quer cear e ter um contato íntimo conosco. A missa é um banquete íntimo, no qual Jesus põe sobre a mesa o seu próprio corpo e o seu próprio sangue. É mais do que um banquete, é um sacrifício.

> A missa é ao mesmo tempo e inseparavelmente o memorial sacrifical no qual se perpetua o sacrifício da cruz e o banquete sagrado da comunhão no Corpo e no Sangue do Senhor. Mas a celebração do Sacrifício Eucarístico está toda orientada para a união íntima dos fiéis com Cristo pela comunhão. Comungar é receber o próprio Cristo que se ofereceu por nós. (Catecismo da Igreja Católica, n. 1382)

Temos o privilégio de receber Jesus na Eucaristia. Precisamos valorizar esse tesouro.

Os primeiros cristãos celebravam a Eucaristia até mesmo nos tempos difíceis de perseguição. Faziam isso de forma clandestina, às escondidas. Algumas vezes, a Eucaristia era levada também àqueles que não podiam estar na celebração, porque se encontravam longe e não tinham como chegar, ou estavam na prisão, à espera do martírio.

Hoje temos muitos Ministros Extraordinários da Comunhão Eucarística que levam Jesus aos hospitais e asilos, ao encontro com as pessoas impossibilitadas de sair de casa: Ele quer chegar a todos, sem exceção.

São Tarcísio, mártir da Igreja por volta do ano 258, morreu ao tentar levar a Sagrada Comunhão aos cristãos condenados à morte pela perseguição de Valeriano, imperador de Roma.

Nas prisões, à espera do martírio, eles desejavam ardentemente fortalecerem-se com Jesus Eucarístico. Esta forma de ministrar a Eucaristia era chamada viático, isto é, "conforto na viagem para a eternidade". O difícil era entrar nas cadeias, para levá-lo.

Vejamos o exemplo de São Tarcísio:

Na véspera de numerosas execuções de mártires, o papa Sisto II não sabia como levar o Pão dos Fortes a eles. Foi então que o acólito Tarcísio, com doze anos de idade, ofereceu-se para essa piedosa tarefa. Não faltaram objeções sobre sua idade, mas Tarcísio se dizia preparado e afirmava que, pela sua pouca idade, passaria despercebido, como um parente próximo das vítimas. Ele ainda dizia: "Antes morrer que entregar as Sagradas Hóstias aos pagãos".

Com essa convicção, Tarcísio foi levar a comunhão aos presos. Ao passar pela Via Ápia, a grande estrada ao lado da qual se encontram as catacumbas, alguns rapazes notaram sua estranha atitude e começaram a indagar o que trazia, já suspeitando se tratar da Eucaristia, "o segredo dos cristãos". Ele porém negou terminantemente. Foi por eles abatido, apedrejado e morto.

Depois de morto, revistaram-lhe o corpo, nada achando do Sacramento de Cristo. Tarcísio morreu pela Eucaristia. Ele foi declarado padroeiro dos acólitos, dos coroinhas que servem o altar. Deixou um exemplo forte de acolhimento à sagrada Eucaristia.

É preciso responder ao convite de Jesus em cada Eucaristia: "Eis que estou à porta e bato; se alguém ouvir minha voz e abrir a porta, eu entrarei na sua casa e tomaremos a refeição, eu com ele e ele comigo". É preciso reanimar o nosso zelo pela Eucaristia. Arrepender-se e voltar-se com ardor, com fé e com gratidão ao tesouro que nos foi dado. Participar da Santa Missa frequentemente ou pelo menos aos domingos, mas que essa participação seja viva e fervorosa, tendo consciência de que se comunga o Corpo, o Sangue, a Alma e a Divindade de Jesus.

Agradeçamos muito a Jesus por esse grande presente que é a Eucaristia:

> *Obrigado, Jesus, porque estás dizendo: "Eis que estou à porta, e bato: Se alguém me abrir a porta, porque ouviu minha voz, entrarei em sua casa e cearemos". Obrigado por esse privilégio, Senhor. Quero ouvir a tua voz e reanimar o meu zelo, a minha fé. Quero intimamente unir-me*

a ti, Senhor, em cada Eucaristia. Quero participar da Eucaristia como atualização no sacrifício do calvário. Esse é um privilégio maravilhoso. A Eucaristia é um presente para mim, por isso não quero mais participar com relaxamento. Quero ser fervoroso. Reanima-me, Senhor!

Jesus, nosso intercessor

Quando chegou a hora, Jesus pôs-se à mesa com os apóstolos e disse: "Ardentemente desejei comer convosco esta ceia pascal, antes de padecer. Pois eu vos digo que não mais a comerei, até que ela se realize no Reino de Deus". A seguir, tomou o pão, deu graças, partiu-o e lhes deu dizendo: "Isto é meu corpo, que é dado por vós. Fazei isto em memória de mim. Depois da ceia, fez o mesmo com o cálice, dizendo: "Este cálice é a nova aliança no meu sangue, que é derramado por vós". (Lc 22,14-16.19-20)

Essa é a descrição do que Jesus realizou na Última Ceia. Esse trecho do Evangelho se inicia com a seguinte expressão: "Quando chegou a hora..."e quer dizer que Jesus tinha "a sua hora". Assim como chegou "a hora" da sua paixão e morte e houve "a hora" de começar a sua missão e os seus milagres, esta era a grande hora: "a hora da Eucaristia".

Nas Bodas de Caná, Jesus disse: "a minha hora ainda não chegou". Mas Ele acabou apressando a sua hora, transformando água em vinho, a pedido de Maria.

Naquele momento, na Última Ceia, a hora da paixão e morte de Jesus ainda não havia chegado, pois só no dia seguinte é que Ele morreria na Cruz. No entanto, Cristo antecipa o ato que fará no dia seguinte: entregar-se por amor a nós, derramar todo o seu sangue e deixar o seu corpo ficar estraçalhado na Cruz para a nossa salvação.

Até hoje, a Igreja "santa e pecadora" permanece fiel ao Senhor, porque continua a celebrar a Eucaristia. Por meio dela, em toda missa se realiza novamente o sacrifício que Jesus fez em nosso nome. Ele une Céu e Terra ao praticar tal ação.

Jesus no Céu é o grande intercessor. Diante do Pai, está constantemente de braços abertos, mostrando os sinais das chagas e intercedendo por nós.

Jesus permanece no Céu da mesma forma que apareceu no cenáculo pela primeira vez aos apóstolos, quando lhes mostrou as suas chagas ou quando desafiou Tomé para que tocasse nas chagas de suas mãos e de seus pés, colocando a sua mão no lado atravessado pela lança.

É assim que o Filho se apresenta ao Pai. Essa é a sua grande oração: oferecer-se continuamente em sacrifício.

O papa João Paulo II, em um discurso aos jovens, disse a seguinte frase: "Ir à missa quer dizer ir ao Calvário, para nos encontrar com Ele, o nosso Redentor".

Por causa da diferença de fuso horário entre os países, sempre há missas sendo celebradas ao longo do dia em alguma parte do mundo. Pela graça de Deus, a Eucaristia nunca deixa de ser celebrada. Realiza-se aqui na Terra, oculto na pobreza do pão e vinho, aquilo que Jesus realiza no Céu.

Daí o valor maravilhoso da Eucaristia! Toda a nossa intercessão se une ao sacrifício de Jesus. Parte do sacrifício da missa e se abre em horizontes cada vez maiores para as nossas necessidades, para as nossas comunidades, paróquias, dioceses. Ela atinge todo o mundo, toda a Igreja e toda a humanidade.

É sempre bom lembrar que não são apenas nossos cantos, nossos instrumentos, nossas procissões que dão valor à celebração. Sem dúvida, isso nos ajuda a entrar no seu mistério, mas o que dá valor à celebração é a Eucaristia: é a renovação incruenta, isto é, sem derramamento de sangue, do único sacrifício redentor, acontecido no Calvário naquela tarde de sexta-feira.

A Eucaristia é a semente do sacrifício de Cristo inoculada em nós. Na missa, Jesus vem e nos fecunda com a sua redenção. As pessoas que apresentamos a Ele, os problemas e as situações que vivemos, tudo isso é assumido por Jesus no seu sacrifício redentor. Portanto, é preciso que nós, católicos, entendamos o valor da Santa Missa.

O inimigo tem consciência da importância da Santa Missa, por isso faz questão de obscurecer o nosso entendimento. Ele trabalha a nossa mente para não darmos a devida importância. Distrai-nos com tudo o que está acontecendo a nossa volta no momento da missa, como as músicas, os instrumentos e as palmas. Passamos a ficar preocupados com a procissão de entrada e do ofertório, com os que vão fazer as leituras e a coleta... E assim, ocupados e distraídos com tantas coisas, ficamos alheios ao sacrifício da cruz, a grande realidade invisível naquele momento.

Não nos podemos deixar enganar! Precisamos ter uma liturgia bem preparada, com procissões, leituras, músicas, mas tudo deve estar centrado na renovação do sacrifício de Jesus, o sacrifício do calvário.

Quando descobrirmos o valor da intercessão de Jesus na missa, encontraremos um grande tesouro. O fruto da paixão e morte de Jesus é canalizado para nós e para aqueles que apresentamos na celebração da Eucaristia. É canalizado para toda a Igreja: para a Igreja padecente que está no purgatório, para a Igreja militante que somos nós, caminhando neste mundo, e para a Igreja gloriosa do Céu, que não precisa, mas também participa e se alegra, presenciando a realização do sacrifício de Cristo e renovando-se continuamente na face da Terra.

Comunhão dos Santos

Quando se celebra a Eucaristia, quer seja numa capelinha humilde e pobre ou numa grande catedral, uma multidão de anjos se faz presente louvando, cantando e suplicando aos homens que saiam da distração, do esvaziamento. Eles suplicam para que os homens entendam e se coloquem no mistério. Os anjos percebem nosso torpor e ficam estarrecidos quando veem que os homens não entendem nada do que acontece na Santa Missa.

Junto aos anjos estão os santos, nossos intercessores, que "torcem" por nós. Os santos são aqueles que foram heróis da Igreja, que provaram pela vida a sua adesão a Jesus, ao Evangelho e à vida cristã.

Além dos santos que a Igreja canonizou, ainda existe uma multidão de pessoas simples, humildes, parentes nossos, pessoas íntimas, que estão no Céu, com Deus, e povoam as nossas missas. Elas veem o sacrifício de Jesus sendo perpetuado no Céu e também ficam extasiadas ao ver a sua realização a cada missa.

Certamente, os nossos entes queridos estão "torcendo" por nós, para que acordemos e percebamos a linda realidade que acontece em toda missa.

A cada celebração, Cristo Jesus é o celebrante: é Ele quem se oferece ao Pai, quem ora e quem intercede. O sacerdote é o seu representante, cabendo a nós a participação como parte do Corpo de Cristo.

A missa não pode servir apenas para pedir pelas almas dos nossos falecidos. Apesar do seu grande valor para a purificação das almas dos nossos entes queridos, que ainda estão no purgatório, precisamos estar cientes de que isso é o mínimo diante do valor profundo da celebração. As necessidades do mundo inteiro estão presentes em cada missa. Cristo as assume.

A missa não pode transformar-se num palanque de comício social ou político. Ela tem a capacidade de mudar as estruturas sociais, mas não dessa forma. Esse não é o caminho. A missa precisa ser missa para que as estruturas sociais sejam transformadas.

O inimigo quer denegrir, desmoralizar e esvaziar o valor do sacrifício da missa.

Tempos difíceis chegarão

Sabemos que haverá um tempo em que a celebração da missa será proibida. Alegarão que a Eucaristia é apenas um símbolo da presença do Senhor e que não há necessidade de celebrá-la.

No tempo do nazismo, nos campos de concentração e nas prisões, sacerdotes guardavam um pedaço de pão da refeição, buscavam vinho clandestinamente e, durante a noite, às escondidas, celebravam a missa.

Nos países marxistas, durante o tempo da cortina de ferro, muitos cristãos, católicos e protestantes foram presos e mortos. Sacerdotes e leigos testemunharam a terrível perseguição que sofreram.

Aqueles que insistirem e, pela fé, continuarem a celebrar a Eucaristia serão perseguidos. Portanto, chegará um tempo em que teremos que celebrá-las às escondidas. Voltaremos à mesma situação dos primeiros cristãos. Seremos julgados, presos e condenados à morte. Isso, no entanto não deve nos assustar, mas servir de alerta: o tempo de nos fortalecer é agora.

Os primeiros cristãos tornaram-se fortes por causa da Eucaristia. Eles se reuniam para celebrá-la, mesmo correndo riscos. Enfrentavam o martírio por causa dela, como aconteceu com São Tarcísio.

Precisamos de uma fé reavivada. Devemos crer que na Eucaristia está o Corpo e o Sangue de Jesus ressuscitado. O Jesus que veio uma primeira vez para realizar a nossa redenção, e que está voltando para consumar a redenção de todos. Devemos nos preparar para a segunda vinda do Senhor, fortalecendo-nos com seu Corpo e Sangue.

É essa verdade que proclamamos em cada Santa Missa, logo depois da consagração do pão e do vinho: "Anunciamos, Senhor, a vossa morte e proclamamos a vossa ressurreição. Vinde, Senhor Jesus!"

Quando chegarem os tempos difíceis, quem for forte aguentará. Quem não se fortaleceu terá perdido a chance e correrá o risco de negar Jesus, o Evangelho e a própria fé. Hoje é o tempo de despertar novamente nossa fé!

Apesar de tudo, a chegada dos tempos difíceis será linda. Receberemos uma força e uma fé extraordinárias. Isso nos dará a coragem de sermos mártires e nos levará a não renunciar à fé e não negar aquilo que somos.

Quando Jesus vier em sua glória, triunfando sobre tudo e todos, as missas estarão acontecendo. Por causa do "pequeno resto" fiel, a missa nunca deixará de ser celebrada na face da terra.

Precisamos nutrir em nós um grande amor a Jesus Eucarístico. Ninguém melhor do que Maria o fez. Peçamos a Ela a graça de nos entregarmos totalmente ao seu senhorio:

Com simplicidade, Mãe, quero adorar o teu menino. Quero adorar o teu filho Jesus na pobreza desse "pedaço de pão", como na pobreza daquela gruta de Belém. Dá-me a graça de ter o coração de criança e o olhar que tiveste para com o teu filho Jesus. Assim como foste cuidadosa e zelosa com teu menino, concede-me também essa graça: zelar pelo corpo de Cristo presente em cada fragmento, em cada pedacinho de pão consagrado. Maria, dá-me a graça de ter um coração adorador. Dá-me a graça de não parar nas aparências ou nos sentimentos. De não me deter nos obstáculos e mergulhar nesse mistério de fé, adorando o teu Jesus. Senhor Jesus, olha-me agora na Santa Eucaristia. Fica comigo. Faz de mim adorador em espírito e em verdade. Coloco diante do teu altar toda a minha vida. Eu me abandono em ti. Eu me inclino diante da tua presença, pois sou um necessitado da tua misericórdia. Sou nada diante de ti. Tem piedade de mim, Senhor, pois sou pecador. Tem piedade da minha preguiça, da minha desconfiança, diante das dificuldades da vida. Tem piedade de toda a minha fraqueza na fé. Conto somente com a tua misericórdia. Não sou digno de estar diante da tua presença, mas creio na tua misericórdia.

Creio que tu me acolhes nesse momento e, mesmo sendo pequeno e pecador, digo: eis-me aqui, Jesus. Proclamo que sou teu, Senhor. Ainda que o mundo grite, ainda que a minha vaidade e o meu orgulho gritem, nada poderá me afastar da realidade de que sou teu. Derramo o meu coração contrito diante de ti. Não sou nada, mas pela tua graça posso estar diante de ti. Agradeço-te, Senhor, porque me socorres, derrubando todo o orgulho, autossuficiência, soberba. Só pelo teu amor, posso me colocar diante da tua presença viva. Louvada e adorada seja tua santíssima presença. És o único Senhor de toda a minha história. Conduz todo o meu viver, tornando-me capaz de amá-lo com a minha pequenez, aceitando o meu nada e permitindo que eu me abandone em ti. Não possuo mais nada nesta vida, além da tua presença. Obrigado, Senhor, porque vens reconstituir tudo aquilo que o mundo destruiu em minha vida, através do teu Santíssimo Sacramento. Curando toda impureza, toda incredulidade, todo desamor, que o mundo trouxe ao meu coração. É somente pela tua graça que vivo, Senhor. Bendito sejas, Senhor, por me concederes a visita de tua Mãe Santíssima. Ela me ensina a estar contigo, adorando-te. Ela sabe tudo o que te agrada e, por tua benignidade, me deste a graça de tê-la como Mãe. Obrigado por tão grande amor. Bendito seja o teu nome, hoje e por toda a eternidade!

Eucaristia: resposta que veio do Céu

A festa de *Corpus Christi* nasceu de um milagre acontecido na cidade de Bolsena, na Itália. Um sacerdote chamado Pedro de Praga tinha dúvidas a respeito da presença real de Jesus na Eucaristia. Nessa época, a Igreja era assolada pelas heresias dos chamados cátaros – que significava "purificados". Esse movimento deu-se no início do século XI.

Para os cátaros, o mundo era uma criação de Lúcifer, irremediavelmente perdido. Portanto, "os purificados" deviam viver fora do mundo, numa vida de castidade perfeita. O movimento atingia as raízes do cristianismo, pois, ao declarar o mundo invisível intrinsecamente mau, a encarnação de Jesus e sua redenção, a Igreja e seus sacramentos eram rejeitados. Negavam o matrimônio, a hierarquia eclesiástica e toda a disciplina da Igreja.

Eles receberam também o nome de albigenses por ter sido a cidade de Albi, no sul da França, uma das suas fortalezas principais.

A Igreja estava sendo violentamente atingida pelas heresias que surgiram desses grupos. Os cátaros faziam parte da Igreja, mas depois separaram-se, formando uma seita.

Eles também combatiam a presença real de Jesus na Eucaristia. Afirmavam que ela era apenas um símbolo, como ainda hoje muitos dos nossos irmãos evangélicos afirmam.

Vivia-se um tempo muito difícil, e Jesus usou da pobreza de fé deste sacerdote para provar o contrário daquilo que afirmava aquela heresia.

Podemos nos perguntar: "Como é que um padre, que celebra missa, tem dúvida sobre a Eucaristia?" Podemos imaginar a confusão que se criou na cabeça das pessoas e também na dele.

O sacerdote, em peregrinação, dirigiu-se à cidade de Roma justamente porque queria conhecer a verdade. Passando pela cidade de Bolsena, resolveu se hospedar ali. Na manhã seguinte, antes de seguir viagem, fez questão de celebrar a Eucaristia, apesar das suas dúvidas. Na noite anterior, antes de se deitar, pediu ardentemente ao Senhor que acabasse com aquelas dúvidas, pois desejava crer... somente crer...

Enquanto o padre Pedro de Praga celebrava a missa, na hora da consagração, no momento em que ele levantou a hóstia, ela começou a sangrar. O sangue pingava no corporal – uma pequena peça de linho branco que se coloca sobre a toalha do altar, na qual repousam o cálice, a patena e as âmbulas durante a missa. A quantidade de sangue foi tão grande que transpassou o corporal, as toalhas e atingiu o altar, que era de mármore, deixando ali as marcas.

Para contornar a situação, no desespero, o padre andou com a hóstia sangrando na mão, pois não sabia onde poderia colocá-la. Assim, algumas gotas de sangue caíram no chão. Ainda hoje, na igreja da cidade de Bolsena, existem as marcas de sangue no chão de mármore.

Aquela missa ficou inacabada, pois o padre não fez a consagração do vinho e não prosseguiu a celebração, de tão atrapalhado que ficou.

Esse milagre foi uma grande resposta para aquele sacerdote. Foi o próprio Jesus dizendo que Ele está realmente presente na hóstia consagrada, com seu Corpo e Sangue, pois as gotas intensas do seu sangue saíram daquela hóstia.

Providencialmente, o papa Urbano IV estava na cidade de Orvietto, não muito distante de Bolsena. Informado do acontecido, pediu a um bispo que fosse até lá verificar e trazer notícias. O Papa agiu de forma cautelosa, pois estavam acontecendo muitas heresia naquela época.

Outro fato pouco conhecido é o de uma monja agostiniana, Juliana de Cornillon, que recebeu diversas revelações de Jesus, pedindo-lhe que levasse os apelos à Igreja, na pessoa do Papa. Um dos apelos era que, após o domingo de Pentecostes, em uma quinta-feira, se celebrasse a festa da Eucaristia, a festa de *Corpus Christi*.

O Papa recebeu o anúncio daquelas revelações, levando-as muito a sério, porém as guardou no coração. Se ele simplesmente instituísse a festa de *Corpus Christi*, como Jesus pedia, estaria praticamente aprovando aquelas revelações e indo contra toda a heresia dos cátaros. Seria a resposta da Igreja, afirmando a presença de Jesus na Eucaristia, com seu Corpo, Sangue, Alma e Divindade. Com prudência e sabedoria, pediu ao Senhor que lhe mostrasse a verdade.

O bispo enviado fora a Bolsena e já estava voltando, mas o Papa não resistiu e foi ao seu encontro. Saiu de Orvietto e, na metade do caminho, numa ponte chamada "Ponte do Sol", os dois se encontraram. O Papa desceu da sua carruagem e foi em direção ao bispo, que trazia devotamente nas mãos o corporal ensanguentado. Quando o bispo abriu o corporal, o Papa caiu de joelhos no chão, proclamando: *"Corpus Christi!* O Corpo de Cristo!".

Como o Papa havia pedido, a resposta veio do Céu. Portanto, a festa de *Corpus Christi* não é simplesmente uma festa que a Igreja instituiu para celebrar a Eucaristia. Foi uma resposta do

Céu diante das heresias que atingiam a Igreja. A dúvida daquele padre fora respondida, mas também foi uma resposta às orações do Papa. Uma resposta do Céu para toda a Igreja.

Quando o papa Urbano IV disse *Corpus Christi*, ele fazia a sua profissão de fé diante daquele milagre Eucarístico. Era como se dissesse: "Este é o Corpo de Cristo presente na hóstia consagrada e aqui está a prova. Creio na presença real de Jesus na Eucaristia. Creio que aqui está o Corpo de Cristo".

O Papa voltou para sua casa, levando aquele corporal, e colocou-o numa Igreja em Orvietto. A partir daquele dia, conforme as revelações, instituiu-se que na quinta-feira após o segundo domingo de Pentecostes seria comemorada a festa de *Corpus Christi*.

Como nas solenidades da Igreja sempre há um ofício especial, foram chamados pelo Papa, para compor o ofício da festa, Tomás de Aquino, dominicano, e Frei Boaventura, franciscano.

Antes de chegar à festa, os dois sacerdotes se apresentaram diante do Papa para a leitura do ofício que haviam escrito. Frei Boaventura, o franciscano, humildemente pediu ao Papa que Tomás de Aquino fosse o primeiro a ler o trabalho. Enquanto Tomás lia, com ênfase e beleza, o ofício que havia composto, Boaventura ouvia, se encantava e rasgava o seu escrito. Quando Tomás de Aquino acabou de ler o ofício divino já não havia mais nada do ofício de Boaventura.

Quando o Papa pediu a Boaventura que então lesse o seu trabalho, mostrou-lhe tudo rasgado. Ele percebeu que todo o seu esforço era pequeno para expressar a beleza e o mistério da Eucaristia, então rasgou seus escritos. Por isso, hoje, na festa de *Corpus Christi*, temos o ofício escrito por Santo Tomás de Aquino.

Toda essa história começou a partir da dúvida de fé da presença real de Jesus na Eucaristia, por parte do sacerdote Pedro de Praga, atingido pela heresia dos cátaros, mas que buscava a verdade. Bolsena e Orvietto guardam ainda hoje esses preciosos sinais.

Eucaristia: fonte de misericórdia

A Eucaristia é o mistério da pobreza. Não somente Jesus se mostra numa extrema pobreza, mas também veio do Céu em auxílio à nossa pobreza.

Naquele momento, Ele atendia à pobreza da Igreja abatida por uma heresia. A Igreja estava doente, totalmente enfraquecida. Quando uma heresia acontece, a força do inferno vem para ferir a Igreja e tentar solapar seus fundamentos. Mas o próprio Jesus afirmou: "As forças do Inferno não poderão vencê-la" (Mt 16,18).

Ainda hoje, o Céu continua a vir em auxílio à nossa pobreza, em todos os dias em que Jesus se dá a nós na Eucaristia.

Necessitamos da Eucaristia a cada dia, por causa das nossas dúvidas, da fraqueza da nossa fé e para que nos firmemos no caminho de Deus e em seus mandamentos. A Eucaristia é uma necessidade para nossa pobreza.

A Igreja precisa da Eucaristia, pois é santa e pecadora. Ela é pecadora porque fazemos parte dela. Somos o corpo de Cristo e, por causa da nossa pobreza, empobrecemos a Igreja. Por causa do nosso pecado, fazemos a Igreja pecadora.

A Igreja Católica é a imagem do amor do Pai, pois não expulsa ninguém que comete pecado. Ao contrário, ela recebe o filho pecador, o filho pródigo, de braços abertos.

A Igreja continua sendo mãe e continuamos sendo filhos, mesmo pecadores. Ela não põe ninguém para "fora de casa", não faz nenhum julgamento e não condena ninguém como réu. Como a Igreja, nós também precisamos ser cheios de misericórdia: por isso, necessitamos da Eucaristia.

Queremos que todos deixem o pecado. Queremos que aqueles que participam da nossa comunidade, do grupo de oração, do grupo de pastoral, do grupo de casais, do grupo de jovens, sejam santos. Precisamos ser cheios de misericórdia, pois cada um de nós se encontra em processo de conversão. É preciso confiar em Deus e acreditar no outro. Não podemos excluir ninguém. Deus respeita e acompanha o processo duro e demorado da conversão de cada um de nós.

Para vencer os preconceitos e as barreiras que temos em relação aos outros, para ter um coração acolhedor, humilde, para ser como nossa mãe, a Igreja, necessitamos da Eucaristia, que foi instituída para ser um elo entre nós. É preciso celebrar na Eucaristia nossa união:

> Santo Agostinho exclama: "Ó sacramento da piedade! Ó sacramento da unidade! Ó vínculo da caridade!" Quanto mais dolorosas se fazem sentir as divisões da Igreja que rompem a participação comum à mesa do Senhor, tanto mais prementes são as orações ao Senhor para que voltem os dias da unidade completa de todos os que nele creem (Catecismo da Igreja Católica, n. 1398).

Não podemos celebrar a Eucaristia e alimentar mágoa no coração, porque a ceia do Senhor é a ceia do amor e da unidade. Como o próprio Jesus disse, é preciso que deixemos nossa oferta no altar e voltemos para nos reconciliar com nosso irmão.

Estaríamos nos deformando e dividindo a Igreja de Deus se persistíssemos em celebrar a ceia do Senhor divididos. Precisamos tomar todas as medidas necessárias para acabar com nossas divisões, desavenças e brigas. Nossos corações precisam estar purificados de toda mágoa, ressentimento e rancor, para que então a ceia do Senhor seja realmente proveitosa para nossa vida presente e para a eternidade.

Jesus nos deixou um grande exemplo: começou a ceia da instituição da Eucaristia lavando os pés dos seus apóstolos:

> Antes da festa da Páscoa, sabendo Jesus que tinha chegado a sua hora, hora de passar deste mundo para o Pai, tendo amado os seus que estavam no mundo, amou-os até o fim. Foi durante a ceia. O diabo já tinha seduzido Judas Iscariotes para entregar Jesus. Sabendo que o Pai tinha posto tudo em suas mãos e que de junto de Deus saíra e para Deus voltava, Jesus levantou-se da ceia, tirou o manto, pegou uma toalha e amarrou-a à cintura. Derramou água numa bacia, pôs-se a lavar os pés dos discípulos e enxugava-os com a toalha que trazia à cintura. Depois de lavar os pés dos discípulos, Jesus vestiu o manto e voltou ao seu lugar. Disse aos seus discípulos: "Entendei o que eu vos fiz? Vós me chamais de Mestre e Senhor; e dizeis bem, porque sou. Se eu, o Senhor e Mestre, vos lavei os pés, também vós deveis lavar os pés uns dos outros". (Jo 13,1-5.12-14)

Esse episódio tem uma ligação muito íntima com a Eucaristia. Lavar os pés é próprio dos escravos. Somente eles lavam os pés de outros homens. Nem mesmo um discípulo lavava os pés de seu mestre.

Diante de todas as discussões dos apóstolos sobre quem seria o maior ou o menor, quem teria o primeiro ou o segundo lugar em seu reino, Jesus, naquela última ceia, começa assumindo a posição de escravo.

Após ter lavado os pés de todos os discípulos, Jesus pede que os apóstolos repitam o mesmo gesto: lavar os pés uns dos outros, assumindo a posição de escravos.

Cada um de nós precisa assumir também essa posição diante do irmão, ser como escravo dele. Isso é básico no cristianismo.

A ligação entre o episódio do lava-pés e a Eucaristia está no fato de que, nela, o Senhor se perde completamente. Jesus já havia posto de lado sua divindade, vindo a nós e fazendo-se homem como nós. Feito homem, humilhou-se ainda mais e enfrentou a mais infame das mortes.

Na Eucaristia, é como se Ele descesse mais ainda e se eclipsasse totalmente – ali não se mostra sua divindade, nem mesmo sua humanidade –; Ele se perde totalmente e assume a posição de alimento. Na forma e na aparência de pão e vinho, Ele se eclipsa totalmente e se faz escravo a nosso serviço.

Tudo isso para aprendermos a nos despir de nós mesmos, nos libertar de todo egoísmo, vaidade e presunção. Para nos humilharmos e lavar os pés dos nossos irmãos, assumindo assim nossa posição de escravos de Jesus.

Todos os dias, sobre o altar, Jesus renova seu sacrifício por causa da nossa pobreza, porque somos ainda pouco santos e muito pecadores.

Jesus, em cada missa, se apresenta a nós com suas mãos e pés chagados, e nos diz: "Toquem minhas mãos, toquem meus pés"; da mesma forma fez quando apareceu a Tomé, que não acreditava na sua ressurreição. Jesus chegou mostrando-lhe suas chagas e dizendo: "Põe o teu dedo aqui e olha as minhas mãos. Estende a tua mão e coloca-a no meu lado e não sejas incrédulo" (Jo 20,27).

Depois dessas palavras, Tomé caiu de joelhos diante de Jesus. Olhando para as chagas de suas mãos e do seu lado, lhe disse: "Meu Senhor e meu Deus!". Jesus acrescentou: "Creste porque me viste? Bem-aventurados os que não viram e creram!" (Jo 20,29).

Isso se refere a nós. Aí está nossa bem-aventurança. Por isso, precisamos professar: "Eu creio, Senhor, mas aumentai a minha fé!". Rezemos a Jesus Sacramentado:

Contemplo, Senhor, através da Santa Eucaristia, tua bondade e tua misericórdia. Reconheço todo o meu nada, minhas misérias e fraquezas humanas. Proclamo a minha fé diante desse pedaço de pão. Creio que é o teu corpo e Sangue, mas necessito que aumentes em mim a fé, pois sou muito fraco. Peço-te que tenhas piedade e misericórdia de toda a minha fraqueza. Não sou digno de que entres em minha morada, mas se disseres uma palavra, este teu servo será curado e liberto. Adoro-te na Hóstia Consagrada, e em todos os sacrários do mundo inteiro. Renovo, Senhor, a minha fé e peço que a tua salvação entre em minha vida, em meu coração, e por todo o meu espírito, mente e corpo. Confesso, Senhor, que muitas vezes sou distraído diante de tua presença eucarística. Fico acomodado e não entro em adoração. Tu podes mudar a minha vida, converter o meu coração, mas tantas vezes me distraio na adoração. Tenho preguiça de adorar-te numa Igreja, fico olhando as horas... Tem misericórdia de minha alma, Senhor. Dá-me amor ardente pela tua Santíssima Eucaristia, pois só em ti encontro todo o sentido da minha vida, trazendo-me alegria e paz, convertendo meu coração e minha família. Olho somente para ti, e adoro profundamente a tua Santíssima presença. Derramo-me diante de ti. Coloco toda minha confiança na tua presença. Hoje minha alma tem sede da tua presença. Ela se dobra diante da tua soberania. Tomo a iniciativa de me abandonar em ti. Obrigado, Senhor Jesus, porque todos os que vêm a ti são curados. Creio que todos os que tocarem, pela fé, em teu corpo santo, presente na Eucaristia, serão curados Obrigado, Jesus, por tua graça, porque minha fé está sendo aumentada. Obrigado pelos frutos do Espírito Santo, pela paz, alegria e por me encher de confiança. Bendito seja Nosso Senhor Jesus Cristo. Bendito aquele que vem em nome do Senhor. Amém.

Eucaristia: nosso tesouro

O próprio Jesus, diante de Pilatos, proclamou ser Rei. E testemunhou que seu reino não era deste mundo, como Pilatos pensava:

> Pilatos entrou, de volta, no palácio, chamou Jesus e perguntou-lhe: "Tu és o Rei dos Judeus? Jesus respondeu: "O meu reino não é deste mundo. Se o meu reino fosse deste mundo, os meus guardas lutariam para que eu não fosse entregue aos judeus. Mas o meu reino não é daqui". (Jo 18,33.36).

Jesus se declara Rei, mas afirma que seu reino é totalmente diferente. Ele realmente é Rei dos reis e Senhor dos senhores, e não pode deixar de ser. Essa é a sua essência, porque o Pai o constituiu Rei e Senhor.

É importante para nós que Jesus seja nosso Rei. A maior alegria de Jesus, Rei, é que permaneçamos firmes na Igreja que Ele nos deu.

> Jesus respondeu: "Tu dizes que eu sou rei. Eu nasci e vim ao mundo para isto: para dar testemunho da verdade. Todo aquele que é da verdade escuta a minha voz". Pilatos lhe disse: "Que é a verdade?" (Jo 18,37-38).

Jesus é a verdade, e tem a verdade em si. A grande verdade que ficou guardada no coração de Deus e que Jesus revelou após a multiplicação dos pães e o seu caminhar sobre as águas no mar em tempestade na Galileia (cf. Jo 6,1-21) é que Ele se daria a nós na Eucaristia.

Ele foi para o Céu e está à direita do Pai, deixando-nos a Igreja. Mais ainda: Jesus firmou essa Igreja numa rocha. No Evangelho de São Mateus, depois que Pedro confessou: "Tu és o Cristo, o Filho do Deus vivo. Tu és o Ungido! Tu és o Messias!" (cf. Mt 16,16), Jesus voltou-se para ele e lhe declarou qual era a sua identidade:

> Por isso, eu te digo: tu és Pedro, e sobre esta pedra edificarei a minha Igreja, e as forças do Inferno não poderão vencê-la. Eu te darei as chaves do Reino dos Céus: tudo o que ligares na terra será ligado nos céus, e tudo o que desligares na terra será desligado nos céus. (Mt 16,18-19).

Assim como Pedro revelou a identidade de Jesus: "Tu és o Cristo, o Filho de Deus vivo", da mesma forma Jesus declarou a identidade de Pedro: "Tu és pedra, e sobre esta pedra, que és tu, Pedro, edificarei a minha Igreja". Precisamos aceitar e viver essa realidade.

Quando Pedro foi martirizado, os apóstolos e os cristãos perceberam a necessidade de que alguém ocupasse seu lugar, para centralizar o comando da Igreja e governá-la. A Igreja é o "povo de Deus" e o Senhor sempre escolheu as pessoas para estar à frente do seu povo.

No Antigo Testamento, vemos que Deus escolheu, preparou e colocou Moisés para governar o povo e levá-lo à terra prometida. Mais tarde, Deus disse a ele: "Moisés, você vai morrer, mas eu preparei Josué, e agora passo a ele toda a autoridade que lhe dei". E Josué recebe, das mãos de Moisés, o comando para governar e dirigir aquele povo.

Depois Moisés chamou Josué e, diante de todo o Israel, lhe disse: "Sê forte e corajoso, pois tu introduzirás este povo na terra que o Senhor jurou dar a seus pais. És tu que lhes deras a posse desta terra. O próprio Senhor, que é teu guia, marchará à tua frente, estará contigo e não te deixará nem te abandonará. Por isso não deverás temer nem te acovardar" (Dt 31,7-8).

No caso de Pedro, quem continuou sua missão foi Lino. Após Lino, veio Cleto, depois Clemente... A Igreja sempre se reuniu para pedir a inspiração de Deus na escolha de alguém que sucedesse Pedro e assumisse sua autoridade, na unção do Espírito, como Josué sucedeu Moisés e continuou sua missão.

A nossa Igreja tem descendência, tem raiz. Ela vem desde Jesus, que constituiu Pedro, e lhe disse:

Por isso, eu te digo: tu és Pedro, e sobre esta pedra edificarei a minha Igreja, e as forças do Inferno não poderão vencê-la. Eu te darei as chaves do Reino dos Céus: tudo o que ligares na terra será ligado nos céus, e tudo o que desligares na terra será desligado nos céus (Mt 16,18-19).

A Igreja, a quem Jesus denominou "a minha Igreja", constituiu sucessores como Lino, Cleto, Clemente... e Bento XVI. É preciso que permaneçamos com Pedro, com a Igreja e com Bento XVI.

Muitos não acreditaram e foram embora, mas os apóstolos ficaram. Enquanto outros não acreditaram, nós acreditamos e ficamos com a Igreja una, santa, católica e apostólica. Aquela que Jesus chamou "a minha Igreja", portanto, a verdadeira: a de Jesus.

Na crucificação de Jesus, os soldados não ousaram retalhar a sua túnica. O aparecimento de tantas "igrejas" de várias denominações é um verdadeiro retalhamento da "túnica do Senhor". A Igreja una ficou retalhada em milhares de "igrejas".

Só existe uma Igreja verdadeira, a Igreja una, santa, católica, apostólica.

A Igreja é apostólica porque vem dos apóstolos: é a continuação deles. Ela traz a sucessão apostólica. Os nossos bispos não se tornaram bispos porque quiseram, por própria vontade, como acontece em outras igrejas, denominações e seitas. O bispo de sua diocese é um sucessor dos apóstolos. A Igreja Católica conserva a sucessão apostólica. Desculpe a rudeza da expressão: os nossos bispos não são aventureiros que lançaram mão do título de bispo, mas foram escolhidos por aquela que Jesus chamou "a minha Igreja" para realizar a sucessão apostólica. É um tesouro que nos pertence: só a Igreja Católica tem a sucessão apostólica. Por isso ela é "apostólica".

É com essa Igreja una, santa, católica e apostólica, que estamos. Com a Igreja que Jesus fundou em Pedro, dizendo: "Tu és Pedro e sobre esta Pedra edificarei a minha Igreja".

É importante que você renove a fé nessa Igreja agora:

É com essa Igreja que quero ficar; essa Igreja que tem a Eucaristia, que tem a sucessão dos apóstolos, e que, portanto, tem a doutrina de Jesus que foi passada através deles, dos bispos, e através daquele que é o continuador de Pedro, o Papa. Creio nessa Igreja una, santa, católica e apostólica. Agradeço, Senhor, porque construíste a tua Igreja sobre a pedra que é Pedro e sobre as doze pedras que são os teus apóstolos. Muito obrigado, Senhor, porque é nessa Igreja que estou e haveria de estar até o fim. Amém!

Precisamos atrair para a única Igreja verdadeira os nossos irmãos que se desgarraram; muitos deles sem culpa, outros por revolta, ressentimento, mágoa. Precisamos atraí-los à única Igreja una, santa, católica e apostólica, que contém o tesouro da Eucaristia. Precisamos realizar essa obra, para que haja apenas um rebanho e um pastor.

Até mesmo os que dizem conhecer a Bíblia e são apegados à palavra, interpretando-a ao "pé da letra", não acreditam na presença real de Jesus na Eucaristia. Eles sempre explicam-na como um simples símbolo.

A Palavra, porém, é clara:

> Se não comerdes a carne do Filho do Homem e não beberdes o seu sangue, não tereis a vida em vós. Quem se alimenta com a minha carne e bebe o meu sangue tem vida eterna, e eu o ressuscitarei no último dia. Pois minha carne é verdadeira comida e meu sangue é verdadeira bebida (Jo 6,53-55).

Na Última Ceia, Jesus tomou o pão, deu graças e apresentou aos apóstolos, dizendo: "Isto é o meu corpo". Tomando depois o cálice, deu-lhes, dizendo: "Este é o cálice do meu sangue" (cf. Mt 26,26-29; Mc 14,22-25; Lc 22,15-20; 1Cor 11,23-26). Fiz questão de apresentar todas essas situações para que não reste dúvida.

Martinho Lutero, um frei católico, sacerdote, rompeu com a Igreja e formou um grupo que negava muitos princípios da fé católica. Rompendo com a Igreja, romperam também com a Eucaristia. Foi a partir daí que os protestantes começaram a querer explicar esses textos da Escritura como um símbolo.

A doutrina de Lutero – protestante – aconteceu após mil e quinhentos anos de existência de história e de caminhada da

Igreja. Atente para os números: mil e quinhentos anos depois. Essa doutrina só tem quinhentos anos. O que fazemos com os outros mil e quinhentos anos de vida, de história e de doutrina genuinamente bíblica? Como acreditar em Martinho Lutero e em seus companheiros protestantes, que contestaram a fé da Igreja, baseada na palavra da Bíblia, como foi citado acima, durante esses mil e quinhentos anos?

Ele rejeitou a doutrina da presença verdadeira e substancial de Jesus na Eucaristia. Doutrina que havia sido seguida firmemente por todos os cristãos durante mil e quinhentos anos. Ele aceitava certa espécie de presença de Cristo: somente no momento em que recebesse a comunhão. A partir disso, nasceram outras confissões protestantes que recusavam ainda mais a crença na presença real de Jesus na Eucaristia.

Hoje, na maioria das confissões protestantes, a comunhão não passa de um simples rito comemorativo da morte do Senhor. O pão continua a ser pão e o vinho continua a ser vinho.

Muitos protestantes, a partir daí, quiseram mitigar as palavras de Jesus, afirmando que Ele não pretendia falar realmente que era o seu corpo e o seu sangue, mas que se tratava de um símbolo.

Os apóstolos, porém, tomaram literalmente as palavras de Jesus. Aceitaram como um fato (um ato de fé) as palavras de Jesus: "Isto é o meu corpo; Isto é o meu sangue" (cf. Mc 14,22-24). A substância que, sendo vinho, era agora o sangue de Cristo. Essa foi a doutrina que os apóstolos pregaram à Igreja que nascia, e se conserva há dois mil anos.

O próprio Lutero não negou inteiramente a presença real de Jesus na Eucaristia. Mas ele queria abolir a missa, assim como a adoração a Jesus presente no altar. Por isso sustentava que Jesus está presente apenas no momento em que se recebe o pão e o vinho, nem antes e muito menos depois.

É contraditório pensar que Jesus deixaria que cometêssemos um erro assim, e que a Igreja, durante tanto tempo, adorasse um pedaço de pão como se fosse o corpo de Cristo. Jesus não deixaria que seus discípulos fossem embora, se Ele não quisesse afirmar realmente que seu corpo é verdadeira comida e seu sangue verdadeira bebida, dados a nós em forma de alimentos no pão e no vinho.

O primeiro anúncio da Eucaristia dividiu os discípulos, assim como o anúncio da paixão os escandalizou: "Essa palavra é dura! Quem pode escutá-la" (Jo 6,60). A Eucaristia e a cruz são pedras de tropeço. É o mesmo mistério, e ele não cessa de ser ocasião de divisão. "Vós também quereis ir embora?" (Jo 6,67). Esta pergunta do Senhor ressoa através dos séculos como convite de seu amor a descobrir que só Ele tem "as palavras da vida eterna" (Jo 6,68) e que acolher na fé o dom de sua Eucaristia é acolher a Ele mesmo (Catecismo da Igreja Católica, n. 1336).

Precisamos acreditar como os apóstolos acreditaram. Foram eles que nos transmitiram esse ensinamento por meio da fé na Eucaristia, porque só Jesus tem palavras de vida eterna, e nós cremos, porque foi Ele quem nos falou.

A nossa Igreja é rica porque tem o grande tesouro: a Eucaristia. Não precisamos de provas para crer na presença real de Jesus na Eucaristia, a própria palavra dita por Ele esclarece: "Pois a minha carne é verdadeira comida e o meu sangue, verdadeira bebida. Aquele que come a minha carne e bebe o meu sangue permanece em mim e eu nele".

No entanto, muitos, durante a história da Igreja, tiveram dúvidas. Por isso o Senhor permitiu que acontecesse o milagre de Lanciano, para que tivéssemos a oportunidade de comprovar aquilo que precisamos acolher pela fé.

O milagre de Lanciano

Pela bondade do Senhor, para aumentar a nossa fé, aconteceram muitos milagres em relação à Eucaristia. O mais completo deles se deu na Idade Média no ano 780, em Lanciano, na Itália, com um monge de São Basílio.

Tal monge era professor, muito inteligente e culto. Justamente por causa de sua inteligência, começou a ter dúvidas a respeito da presença real de Jesus na Eucaristia. Ele se perguntava: "Como é possível Jesus estar num pedaço de pão?" Desse questionamento surgiram mais dúvidas.

Certo dia, ao celebrar a Eucaristia na Igreja de Santa Catarina, em Lanciano, o monge foi surpreendido por um grande milagre.

Enquanto celebrava a missa, após a consagração, a hóstia tornou-se, diante dele, uma fatia de carne, apresentando as nervuras e a cor própria da carne. Espantado, o monge olhou para o cálice e viu que o vinho tornou-se sangue, com todas as propriedades de sangue, inclusive com o odor característico.

Profundamente emocionado, chamou todo o povo. Chorava muito e tentava explicar-lhes dizendo: "Eu creio, Senhor!"

Seus irmãos sacerdotes vieram para socorrê-lo e não sabiam o que fazer. Sob as ordens do bispo, aquela preciosidade foi guardada.

Com o passar do tempo, aquela "fatia de carne" começou a encolher, como acontece com todo tecido muscular. Os freis da igreja tiveram receio de perder aquela preciosidade, então, muito delicadamente, com tachinhas de ouro, prenderam as bordas daquele pedaço de carne. Como o tecido era carne humana, rasgou-se no meio. Hoje se veem ainda os sinais das tachinhas, e o rasgão permaneceu.

Quanto ao vinho consagrado que estava no cálice e se tornou sangue, como sabemos que o sangue coagula em contato com o ar, formou cinco coágulos, que foram depositados num cálice de cristal para a adoração dos fiéis.

Já faz mais de mil e duzentos anos que essas relíquias estão guardadas.

Depois dos anos de 1960 surgiram muitas dúvidas: "Será que esse milagre realmente aconteceu? Isso não seria uma invenção do povo? Já se passaram tantos séculos... Será que é carne mesmo? Será que é sangue mesmo?"

A Igreja busca a verdade, por isso não teve nenhum receio em permitir que fossem realizados exames para constatar a realidade dos fatos.

Uma equipe médica, muito bem selecionada, fez todos os exames. Nela havia médicos católicos e outros totalmente incrédulos.

Após um longo trabalho, chegaram aos primeiros resultados: aquele pedaço de carne em forma de hóstia é carne humana, proveniente do tecido muscular do coração, o miocárdio.

Os exames realizados nas células daquele tecido comprovam que é um tecido vivo. Aquela carne, apesar de ressequida, não está morta, segundo os contínuos exames.

O sangue também foi examinado e constataram que é humano, do tipo AB, o mais comum entre os judeus. Também chegaram à conclusão de que o sangue e a carne pertencem à mesma pessoa.

Quando o sangue foi examinado, era como se tivesse sido colhido no dia, pois apresentava todas as suas propriedades.

Na Eucaristia, Jesus está por inteiro, com seu Corpo ressuscitado e glorioso. Mas Ele quis realizar esse milagre para que acreditássemos: "A minha carne é verdadeira comida, o meu sangue é verdadeira bebida".

Jesus permitiu esse milagre por causa da falta de fé daquele sacerdote e da nossa. A demonstração científica é prova de que, em cada missa, se renova o sacrifício de Jesus.

O exame daquele sangue constatou a presença de proteínas vivas, com um percentual característico de sangue fresco normal. O Dr. Linoli, médico católico, chefe da equipe, enviou os resultados para a Igreja. Em seu telegrama dizia: "Verdadeiramente o Verbo se fez carne". Por isso adoramos e guardamos este maravilhoso tesouro da Igreja: a Eucaristia, Corpo e Sangue de Jesus.

Não podemos ser influenciados pelas ideias de pessoas que não acreditam na presença real de Jesus na Eucaristia. Porque não acreditam, perdem toda essa preciosidade.

Algo intrigante foi descoberto quando os médicos analisaram aquele sangue, do qual se formaram cinco coágulos de tamanhos diferentes. Ao pesar cada coágulo, verificaram, porém, que todos tinham o mesmo peso, apesar de serem de tamanhos diferentes. Quando pesados juntos, dois, três, quatro ou todos os coágulos juntos, o peso obtido era sempre o mesmo.

É como se Jesus dissesse: "Faço com a minha carne o que quero! Faço com o meu sangue o que quero! Dou a eles o peso que quero! O que cientificamente é impossível, Eu o faço. Tanto assim que faço de um pedaço de pão a minha carne, e de um pouco de vinho o meu sangue. Eu permiti que vocês fizessem todos os exames e a ciência comprovou a verdade do que Eu disse.

Agora me expliquem por que o peso de cada coágulo do meu sangue é sempre o mesmo peso e todos eles juntos têm ainda o mesmo peso?!"

Depois de dirigir a pesquisa desse grande milagre, o Dr. Linoli se transferiu para Lanciano e lá continuou os estudos. Ele ficou intrigado com aquele rasgo na hóstia feita carne e se perguntava: "Por que Deus permitiu esse rasgo?" E continuou examinando até obter uma resposta.

Por meio de programas de computador, pôde-se reconstituir o coração graficamente e recolocar aquele pedaço de carne. O médico constatou que o rasgo na hóstia corresponde perfeitamente à perfuração causada pela lança que penetrou a lateral de Jesus e atingiu o seu coração.

Jesus disse: "Isto é o meu corpo, isto é o meu sangue". E Ele fala a verdade, pois é a Verdade.

O papa João Paulo II, quando esteve em Lanciano, em 1974, ainda como cardeal Wojtyla, deixou escrito no álbum de visitantes: "Fazei, Senhor, que sempre creiamos mais em ti, que em ti esperemos e que te amemos".

Como está no Catecismo da Igreja Católica, precisamos acreditar. Estamos diante de uma questão de fé e não de razão.

> A presença do verdadeiro Corpo de Cristo e do verdadeiro Sangue de Cristo neste sacramento "não se pode descobrir pelos sentidos, diz Santo Tomás, mas só com fé, baseada na autoridade de Deus". Por isso, comentando o texto de São Lucas 22,19 ("Isto é o meu Corpo que será entregue por vós"), São Cirilo declara: "Não perguntes se é ou não verdade; aceita com fé as palavras do Senhor, porque ele, que é a verdade, não mente" (Catecismo da Igreja Católica, n. 1381).

É o mistério da fé. Ele vai além da nossa inteligência: é tão grande e maravilhoso que não é possível entender, somente crer.

Na comunhão, ao receber uma hóstia consagrada, a pessoa não recebe apenas um pedacinho de Jesus, mas toda a sua pessoa, o seu corpo ressuscitado, que tem carne e sangue.

Quando o sacerdote parte a hóstia, em cada uma das partes está Jesus. É o seu corpo ressuscitado. E porque Ele tem um corpo ressuscitado, pode dar-se inteiro, ao mesmo tempo para cada um de nós em particular. Jesus não se divide e não se multiplica, há um só Jesus, que supera a lei do espaço.

Por isso também que a Eucaristia é chamada de "o sacramento da unidade". Quando comungamos, todos entram em comunhão: todos juntos somos um em Cristo.

Tanto na forma de pão como na forma de vinho, recebemos Jesus por inteiro: corpo, sangue, alma e divindade. Em virtude disso, o sacerdote muitas vezes insiste para que se receba a comunhão na frente do ministro; para que se pegue a hóstia e leve-a logo à boca. Ainda assim insiste para que se observem as mãos, a fim de verificar se não restou nenhum fragmento, uma vez que nele está Jesus por inteiro, está o corpo ressuscitado do Senhor.

São Carlos Borromeu, enquanto distribuía a comunhão, julgou ter caído de sua mão uma partícula, sem que percebesse. O santo se considerou culpado por grave irreverência contra Jesus e sofreu tanto que, durante quatro dias, não teve coragem de celebrar a Santa Missa. Ainda como penitência, fez oito dias de jejum.

Também é por isso que o corporal, a pala (tecido que cobre o cálice) e o sanguíneo (tecido em que o sacerdote enxuga os lábios e o cálice) devem ser lavados com a máxima reverência, porque pode haver fragmentos da hóstia consagrada e, em cada fragmento, por menor que seja, está por inteiro o corpo glorificado de Jesus.

Isso pode chegar a nos confundir. Mas quem tem palavra de vida eterna? Os que interpretam a Bíblia à sua maneira, com a sua cabeça, ou Jesus, a quem Pedro disse: "A quem iremos, Senhor? Tu tens palavras de vida eterna" (Jo 6,68).

Por isso permanecemos com Pedro, com a Igreja. Estamos com Jesus, que disse: "Eu nasci e vim ao mundo dar testemunho da verdade. Todo aquele que é da verdade escuta a minha voz".

Mais do que nunca precisamos dizer:

Creio, Senhor, mas aumenta a minha fé. Creio que tu estás presente na Eucaristia: Corpo, Sangue, Alma e Divindade.

Creio, Senhor, na tua palavra: "E o pão que eu darei é a minha carne, dada para que o mundo tenha a vida". Senhor, proclamo a minha fé como Pedro: "Senhor, a quem iríamos? Tu tens palavras de vida eterna. Quanto a nós, cremos e conhecemos que tu és o santo de Deus". Senhor, permaneço contigo, com Pedro, com os apóstolos, com a tua Igreja una, santa, católica, e apostólica. Permaneço com a Eucaristia. Permaneço com o mistério da fé! Renova, Jesus, o meu amor pelo teu sacramento. Perdoa porque fui perdendo o zelo com a Santíssima Eucaristia. Restaura-me agora: que eu somente creia. Desperta em meu coração o desejo de adorar-te, sobre todas as coisas. Desperta em mim o verdadeiro sentido da vida e o amor que não passa jamais. Vem, Senhor Jesus, com a força da tua ressurreição, e faz crescer em mim a graça da fé. Dá-me, Senhor, o teu Santo Espírito. Quero encontrar-te no sacrário. Abro-me para que tu faças a libertação completa em meu interior. Entrego-te a minha casa, a minha vida, os meus projetos, as minhas aspirações e desejos. Estou aqui somente por ti e dou permissão para que tu faças da minha vida aquilo que quiseres. Agradeço, Senhor, por todas as contradições na minha vida. Agradeço até mesmo por todas as vezes em que não acreditei em tua presença real na Eucaristia, porque o amor prevalece apesar de tudo. A tua compaixão se acende e o teu amor é que prevalece e eu sempre voltei a acreditar. Cada vez que voltei a acreditar, mais amei e mais ainda acreditei. Bendito sejas, porque és Deus de amor e misericórdia.

Eucaristia: antídoto contra todo veneno

No Evangelho de São Lucas, é narrada a aparição de Jesus aos discípulos de Emaús, após a ressurreição. Foi uma caminhada maravilhosa em que Ele foi curando o coração e a fé desses discípulos. O Senhor bem sabia que o coração deles havia sido massacrado pelos acontecimentos da paixão, e por isso a sua fé estava obscurecida.

Jesus realizou a cura nos discípulos através da proclamação da palavra:

> Naquele mesmo dia, o primeiro da semana, dois dos discípulos iam para um povoado, chamado Emaús, a uns dez quilômetros de Jerusalém. Conversavam sobre todas as coisas que tinham acontecido. Enquanto conversavam e discutiam, o próprio Jesus se aproximou e começou a caminhar com eles. Os seus olhos, porém, estavam como vendados, incapazes de reconhecê-lo. Então Jesus perguntou: "O que andais conversando pelo caminho?" Eles pararam, com o rosto triste, e um deles, chamado Cléofas, lhe disse: "És tu o único peregrino em Jerusalém que não sabe o que lá aconteceu nestes dias?" Ele perguntou: "Que foi?" Eles responderam: "O que aconteceu com Jesus, o Nazareno, que foi um profeta poderoso em obras e palavras diante de Deus e diante de todo o povo. Os sumos sacerdotes e as nossas autoridades o entregaram para ser condenado à morte e o crucificaram. Nós esperávamos que fosse ele quem libertaria Israel; mas, com tudo

isso, já faz três dias que todas essas coisas aconteceram! É verdade que algumas mulheres do nosso grupo nos assustaram. Elas foram de madrugada ao túmulo e não encontraram o corpo dele. Então voltaram dizendo que tinham visto anjos e que estes afirmaram que ele está vivo. Alguns dos nossos foram ao túmulo e encontraram as coisas como as mulheres tinham dito. A ele, porém, ninguém viu". Então ele lhes disse: "Como sois sem inteligência e lentos para crer em tudo o que os profetas falaram! Não era necessário que o Cristo sofresse tudo isso para entrar na sua glória?" E, começando por Moisés e passando por todos os Profetas, explicou-lhes, em todas as Escrituras, as passagens que se referiam a ele. Quando chegaram perto do povoado para onde iam, ele fez de conta que ia adiante. Eles, porém, insistiram: "Fica conosco, pois já é tarde e a noite vem chegando!" Ele entrou para ficar com eles. Depois que se sentou à mesa com eles, tomou o pão, pronunciou a bênção, partiu-o e deu a eles. Neste momento, seus olhos se abriram, e eles o reconheceram. Ele, porém, desapareceu da vista deles. Então um disse ao outro: "Não estava ardendo o nosso coração quando ele nos falava pelo caminho e nos explicava as Escrituras?" Naquela mesma hora, levantaram-se e voltaram para Jerusalém, onde encontraram reunidos os Onze e os outros discípulos. E estes confirmaram: "Realmente, o Senhor ressuscitou e apareceu a Simão!" Então os dois contaram o que tinha acontecido no caminho, e como o tinham reconhecido ao partir o pão. (Lc 24,13-35)

Anunciada a Palavra, Jesus foi curando o coração dos discípulos pelo caminho. Por isso eles disseram um ao outro: "Não é verdade que ardia o nosso coração, quando Ele nos falava no caminho e nos explicava as Escrituras?". Porém o objetivo de Jesus não era somente curá-los, mas conduzi-los à Eucaristia.

Todas as vezes que encontramos o termo "fração do pão", pensamos logo em repartição do pão. Mas esse termo, na Palavra, indica sempre a celebração da Eucaristia. Como podemos ver no *Catecismo*:

> Fração do Pão, porque este rito, próprio da refeição judaica, foi utilizado por Jesus quando abençoava e distribuía o pão como presidente da mesa, sobretudo por ocasião da Última Ceia. É por este gesto que os discípulos o reconhecerão após a ressurreição, e é com esta expressão que os primeiros cristãos designarão suas assembleias eucarísticas (Catecismo da Igreja Católica, n. 1329).

Ao chegarem em casa, eles insistiram com Jesus para ficar, e o que aconteceu? "Quando se pôs à mesa com eles, tomou o pão, pronunciou a bênção, partiu-o e lhes deu". São as palavras pronunciadas, hoje, no momento da consagração.

Quando Jesus repartiu o pão e lhes deu, seus corações foram totalmente curados. Então, o reconheceram. E assim que isso ocorreu, Jesus se fez invisível, mas permaneceu na presença deles através da Eucaristia.

Enquanto caminhavam com o Senhor, os discípulos traziam somente sentimentos negativos em seus corações, por isso disseram: "Pensávamos que Ele era o Cristo, o Messias". Demonstravam decepção em relação ao que havia acontecido. Eles sabiam que as mulheres tinham ido ao túmulo de Jesus, e que Maria Madalena e suas companheiras foram avisar os apóstolos a respeito da ressurreição. Sabiam que Pedro e João também tinham ido ao sepulcro e o encontraram vazio. Tinham conhecimento de tudo isso, mas, infelizmente, seus corações estavam machucados, sofridos, e não conseguiam acreditar.

Aqueles acontecimentos atordoaram a todos, inclusive aos discípulos de Emaús. Nesse momento, uma nuvem cobriu toda a certeza de fé que traziam. Não porque não a tivessem, mas por causa da situação que viviam. Foi preciso que Jesus viesse e os curasse. A cura se realizou pelo anúncio da Palavra. Esse anúncio curou-lhes o coração e lhes devolveu a fé. Jesus lhes tirou todas as sombras que os impediam de enxergar, até chegarem à partição do pão: à Eucaristia.

O próprio Evangelho testemunha: "o tinham reconhecido ao partir do pão" (Lc 24,35).

Reagir diante da incredulidade e da impiedade

Nossa fé sofre um "eclipse". Mesmo as pessoas que receberam a garra do batismo no Espírito, que participam da Igreja, que estão à frente de grupos, que receberam os dons do Espírito Santo, estão sendo violentadas na própria fé.

As aves de rapina, como o gavião, quando localizam uma presa, fazem um voo para espreitar a vítima e preparar o ataque: depois disso, caem rapidamente e agarram a presa sem fazer nenhum ruído e sem que ela perceba.

O inimigo age assim conosco. Como gavião, ele é certeiro! Prepara o ataque e, sem fazer barulho, dá o golpe fatal!

O tentador tem agido desta forma com a nossa fé, causando em nós dois grandes males: a incredulidade, que é o oposto da fé, e a impiedade.

A palavra piedade vem de pio e significa aquele que tem amor filial para com seu pai; impiedoso, o ímpio, é aquele que não possui o amor filial.

O que o inimigo quer atingir é justamente o nosso amor pelo pai. Ele golpeia, certeiro, o nosso coração para arrancar dele a piedade, o amor de filhos.

A piedade é um dom do Espírito Santo que nos faz amar a Deus, reconhecendo-o como Pai. É o Espírito Santo que nos dá a certeza de que Deus é nosso Pai. É o próprio Espírito que clama dentro de nós "Abbá, Pai".

Os sintomas deste ataque do inimigo em nossa fé e em nossa piedade são a falta de gosto pela oração e o desinteresse pela Palavra de Deus. A leitura da Bíblia se torna árida, sem gosto, e já não causa satisfação.

Infelizmente, tornamo-nos tão insensíveis que não percebemos esses sintomas. Ficamos anestesiados... e pensamos que tudo está certo, afinal, já servimos muito, participamos bastante de grupos de oração, de retiros...

A impiedade é como um câncer que vai se ramificando e tomando conta, sem que a pessoa perceba. Mas Jesus vem em nosso auxílio, como veio em auxílio aos discípulos de Emaús. Ele caminha conosco porque vê nossa situação e cuida de nós. Ele mesmo disse: "Eu sou o bom pastor. O bom pastor dá a vida por suas ovelhas" (Jo 10,11). Jesus, como um pastor, cuida de cada ovelha pessoalmente, pois Ele é o maior interessado na nossa recuperação.

Precisamos nos entregar nas mãos do Senhor, deixar-nos trabalhar por Ele como aqueles dois discípulos de Emaús. Ele quer curar o nosso coração da ferida mortal que o inimigo produziu em nós, composta pela incredulidade e pela impiedade.

Permita que Jesus cure-o pelo anúncio da Palavra. Dessa maneira, Ele o levará para a Eucaristia, como fez com aqueles discípulos.

A Eucaristia é fonte de cura. Para beber dessa fonte é preciso passar pelo sacramento da penitência. Se não buscamos esse sacramento há muito tempo, é preciso deixar Jesus trabalhar o nosso coração, para despertar em nós o arrependimento. Jesus inicia a cura do coração com o sacramento da penitência e a conclui pela Eucaristia.

O livro *Imitação de Cristo* nos ensina:

> É preciso recorrer com frequência à fonte da graça e da misericórdia divinas, à fonte de toda bondade e pureza. É o meio de curar o mal que está em ti e aumentar tua força e tua vigilância contra todas as tentações e astúcias do diabo. Sabendo que na comunhão se dispõe dos maiores frutos e dos melhores remédios, o Inimigo se esforça, por todos os meios e em todas as ocasiões, por reter ou impedir, graças à sua superioridade os fiéis de a ela aceder (*Imitação de Cristo*, livro IV).

A salvação e a força para resolver qualquer situação estão na Eucaristia: ela nos cura, nos liberta, nos dá forças para tomar a nossa cruz de cada dia e seguir rumo ao Pai.

Muitas pessoas se esfriaram na fé, principalmente porque enfrentaram falsas religiões ou buscaram métodos de cura e libertação em filosofias, crenças e práticas não cristãs. Esses métodos levam as pessoas a se voltarem para si mesmas, atingindo a sua fé.

As pessoas tornam-se vítimas da incredulidade. Tudo se reduz ao nível simplesmente humano, e, sem perceber, a fé se anula. Então, surgem as justificativas para a pouca oração, para não participar da Eucaristia... A morte da fé vai acontecendo de maneira muito "nobre e diplomática".

A cura para todos esses males está na Eucaristia. Os nossos olhos também se abrirão e reconheceremos Jesus, "ao partir do pão". Não precisará que Ele esteja visível diante de nós. Ele permanecerá oculto na Eucaristia, e a venda dos nossos olhos cairá.

Jesus nos deixou esta grande promessa: "Quem se alimenta com a minha carne e bebe o meu sangue permanece em mim, e eu nele" (Jo 6,56).

Em cada missa, em cada comunhão, Jesus faz uma "transfusão de sangue" em nós. É o seu próprio corpo e o seu próprio sangue que invadem o nosso organismo, atingindo todo o nosso corpo, e chegam até as nossas enfermidades.

Inúmeras curas físicas e espirituais se dão pela Eucaristia, restaurando a nossa fé. Este é o presente de Jesus: Ele nos cura com seu corpo e seu sangue, que recebemos em cada comunhão.

Viva cada instante da Santa Missa com intensidade, especialmente o momento da consagração. Olhe para a hóstia consagrada como se você estivesse olhando para a pessoa de Jesus, porque realmente Ele está ali. Não o enxergamos porque nossos sentidos não conseguem captar um corpo ressuscitado, mas Ele está.

Peça ao Senhor a graça da fé:

Jesus, quero me portar diante da Eucaristia com devoção, fé, amor e profunda adoração como se realmente te enxergasse. Renova minha fé, Jesus. Retira toda a raiz de impiedade e incredulidade que se alojou em mim, sem que eu percebesse. Liberta-me, Senhor, desse mal. Quero professar minha fé na Eucaristia. Sei que não te vejo, mas, como Tomé, eu digo: Meu Senhor e meu Deus!

Não há câncer pior do que aquele que atinge a nossa fé. Mas também não há remédio mais poderoso e eficaz para esse mal do que a Eucaristia.

O Senhor quer curar toda impiedade e incredulidade. Por isso é hora de reagir! O que o médico mais espera em qualquer tratamento é a reação do organismo. Se ele não reage, o médico sabe que nenhum remédio ou terapia adiantará.

Viva a Eucaristia de modo diferente! Participe da Santa Missa vivendo cada momento em profunda oração. O sacrifício de Jesus é renovado em cada missa celebrada, e depois Ele continua vivo, presente em todos os sacrários.

Podemos adorá-lo muitas vezes, sempre que quisermos. Mesmo que não sintamos, nem vejamos nada, a não ser aquela hóstia guardada no sacrário, adoremos: ali está o Senhor!

Se ficamos expostos ao sol, nossa pele, nosso corpo se modifica, porque os raios de sol penetram em nós. Com a Eucaristia é assim também: apesar de não vermos nem sentirmos, Jesus está presente, ressuscitado, com seu corpo glorioso, irradiando luz mais intensa do que a do sol, derramando bênção, graça, cura e transformação sobre nós.

Santa Teresa d'Ávila, quando estava em adoração a Jesus na Eucaristia, repetia muitas vezes esta oração: "Meu Deus, não vejo, não sinto, mas creio".

Quanto mais o visitamos no sacrário e o recebemos em comunhão, mais receberemos as curas de que precisamos, e assim iremos nos transformando, porque a luz, que é Jesus, vai impregnar o nosso coração e todo o nosso ser.

A morte está na panela

No segundo livro dos Reis, capítulo 4, há uma passagem a respeito do profeta Eliseu cujo título é "Saneamento da sopa envenenada".

O profeta Eliseu, como mestre, treinava seus discípulos. Estes começam a sentir fome, Eliseu então chama um dos seus discípulos e lhe dá a ordem de preparar uma sopa para todos.

O discípulo sai e procura algo que possa usar para preparar a sopa, pois não tinham nada para comer. Encontra uma planta selvagem que se parece com o nosso maxixe. Pega uma grande quantidade e usa para fazer a sopa. Mas ele não imaginava que essa planta possuía um veneno que engrossa a saliva, causando sufocamento e uma grande dor no estômago.

Assim que os discípulos de Eliseu tomaram a sopa, passaram mal:

> Deram de comer aos companheiros. Provando do cozido, gritaram, dizendo: "Homem de Deus, a morte está na panela!" E não puderam comer. Ele disse: "Trazei farinha!" Ele jogou a farinha na panela e disse: "Servi ao povo para que coma". E não havia mais veneno algum na panela. (2Rs 4,40-41).

Aqueles homens gritaram a *morte está na panela!* Farinha não anula veneno. Mas aquela farinha que Eliseu mandou colocar na panela eliminou todo o veneno.

Olhando para a situação da sua casa, dos seus filhos, do seu casamento, da sua família, talvez você pense: "Meu Deus, a morte entrou na minha família, ela está na 'panela' da minha casa!".

Seja qual for o veneno – drogas, álcool, infidelidade, prostituição, adultério, revolta de filhos – saiba que o Senhor já providenciou a "farinha" para retirar o veneno da sua casa. Esta "farinha" é a Eucaristia; é o Corpo e o Sangue de Jesus.

A Eucaristia é o antídoto para todo e qualquer veneno que esteja em sua casa. Para que esse veneno não continue a agir, precisamos comungar muitas vezes; se necessário, todos os dias.

Talvez nossa mente, nossa fantasia, nossos sentimentos, se tenham tornado como aquela sopa envenenada. Vivemos situações que pareciam atraentes, mas continham veneno. O remédio é comungar frequentemente.

No Evangelho de São João, no encontro com a Samaritana, Jesus nos diz:

> Vós adorais o que não conheceis. Nós adoramos o que conhecemos, pois a salvação vem dos judeus. Mas vem a hora, e é agora, em que os verdadeiros adoradores adorarão o Pai em espírito e verdade. Estes são os adoradores que o Pai procura. Deus é Espírito, e os que o adoram devem adorá-lo em espírito e verdade. (Jo 4,22-24)

O Senhor está nos conduzindo a uma intensa e profunda adoração à Eucaristia, na qual os verdadeiros adoradores adorarão o Pai em espírito e verdade.

Jesus nos convida a tomar "banhos de luz" da Eucaristia.

Enquanto muitas pessoas tomam banho de luar, em verdadeiros rituais cheios de sensualidade; e outras tomam banhos de sol, aproveitando os primeiros raios da manhã, para captar toda a sua energia, num verdadeiro ritual pagão, devemos nos aproximar da verdadeira fonte de luz, que é Jesus Eucarístico.

É da Eucaristia que virá o verdadeiro "banho de luz", a verdadeira "energia" que nos sustenta. O mesmo Corpo ressuscitado de Jesus que está no Céu, diante do Pai, intercedendo por nós, está na Eucaristia.

No livro dos Reis há um trecho cujo título é "Um destacamento arameu afetado de cegueira".

O rei de Arâm estava em guerra com Israel, mas percebeu que seus planos de ataque eram sempre descobertos. Ele chegou a pensar que havia um traidor no meio do exército. Seus generais argumentavam que no meio do povo judeu havia um profeta: Eliseu. Ele recebia as revelações de Deus a respeito dos planos de ataque, por isso os judeus sempre escapavam.

Sabendo disso, o rei decidiu acabar com Eliseu e mandou um poderoso exército para simplesmente prender o profeta.

O servo de Eliseu, ao sair pela manhã, encontrou uma quantidade enorme de soldados com cavalos e armas:

> Levantando-se ao amanhecer, o criado do homem de Deus saiu e viu o exército cercando a cidade, e os cavalos e os carros, e comunicou-lhe: "Ai, meu senhor, o que faremos?". Ele respondeu: "Não tenhas medo. Os que estão conosco são em maior número do que os que estão com eles". Eliseu orou: "Senhor, abre-lhe os olhos, para que veja". E o Senhor abriu os olhos do criado, de modo que ele viu a montanha cheia de cavalos e carros de fogo em redor de Eliseu. (2Rs 6,15-17)

Eram os anjos de Deus que ali estavam, com carros, cavalos, armas, para protegê-los. Eles eram mais numerosos do que os inimigos que vinham para destruí-los.

No lugar em que está a Eucaristia, no altar em que é celebrada a missa, no sacrário onde Jesus Sacramentado permanece, no ostensório onde Ele está exposto, existem miríades de anjos que adoram o Senhor e intercedem por nós.

Os anjos formam uma grande orquestra de adoração, enriquecendo o nosso louvor, nossa súplica, levando-nos à verdadeira adoração e, mais ainda: lutando por nós. "Não tenhas medo! Os que estão conosco são mais numerosos do que os que estão com eles!".

Se você quiser acabar com o veneno dentro do seu coração, da sua vida, da sua casa, da sua família, adore o Senhor na Eucaristia! A Eucaristia é o antídoto para toda e qualquer raiz de impiedade e incredulidade instalada em sua vida.

Peça ao Senhor a graça de um coração adorador:

Jesus, professo que não sou nada, mas o meu ser inteiro te adora. Retira de mim todo veneno da falta de fé. Auxilia-me em minha fraqueza. Que os teus anjos estejam a todo momento ensinando-me a adorar-te. Coloca em meu coração o desejo de estar contigo na Eucaristia e, como Santa Teresa, eu possa dizer: "Meu Deus, não vejo e não sinto, mas creio". Eu me dobro em adoração por toda a Igreja, homens, mulheres, crianças, doentes da alma, doentes do corpo, por todos os que estão em pecado, por todos os que vivem na incredulidade, todos os que foram atingidos pela impiedade... é por esses que eu te adoro, Senhor. Adoro-te por todos os agonizantes, os que estão em fase terminal, pelos que se arrastam em suas doenças, pelos que estão chagados na depressão, na angústia... Senhor, retira toda a preguiça de te adorar. Afasta toda a dúvida diante da Santíssima Eucaristia. Tira todo receio em dar o meu tempo na adoração. Arranca todas as minhas distrações. Tira a minha acomodação. Não permitas que o câncer da alma me atinja. Pela tua graça a minha alma será forte e testemunho para muitos que ainda não reconhecem a riqueza da Santíssima Eucaristia. Obrigado, Jesus, por teu olhar de amor. Através desse precioso sacramento, tu restauras tudo em mim. Eu me decido a fazer da minha vida um hino de louvor a tua Santíssima Eucaristia. Bendito seja o teu nome! Amém.

Eucaristia: semente da vida eterna

Jesus veio a este mundo para ser salvador e libertador. Não veio para oprimir, para colocar um peso em nossas costas, nos acusar e condenar, mostrando nossos pecados. Ele veio para nos libertar, nos arrancar de nossas fraquezas, erros e debilidades, para abrir-nos as portas da vida eterna. É disso que fala este trecho do Evangelho de João:

> Todo aquele que o Pai me dá, virá a mim, e quem vem a mim eu não lançarei fora, porque eu desci do céu não para fazer a minha vontade, mas a vontade daquele que me enviou. E esta é a vontade daquele que me enviou: que eu não perca nenhum daqueles que ele me deu, mas os ressuscite no último dia. Esta é a vontade do meu Pai: quem vê o Filho e nele crê tenha a vida eterna. E eu o ressuscitarei no último dia. (Jo 6,37-40)

O maior desejo de Jesus é a nossa ressurreição. Ele tem investido tudo para que a alcancemos e que não pereça nenhum daqueles que o Pai lhe deu. Tudo depende de acreditarmos. Essa é a primeira condição. O restante é consequência.

A porta para nossa salvação, libertação e transformação está em acreditar em Jesus. Acreditando, entregamos nossa vida a Ele e recebemos sua doutrina, o presente do Evangelho: o novo modo de viver que Ele nos apresenta.

O Senhor quer nos dar o essencial: a vida eterna.

Se somos de Jesus e acreditamos nele, mesmo sem possuir bens materiais, teremos vida e ressurreição. Se tivermos muitos bens, mas não tivermos Jesus, seremos as mais infelizes de todas as criaturas.

Precisamos centralizar a nossa vida no que é essencial, no nosso principal objetivo: a vida eterna. Caminhamos como peregrinos por este mundo para chegar a ela. Não atingindo esse objetivo, teremos desviado o sentido da nossa vida.

Felizes os que buscam o Senhor, os que se entregam a Ele, porque creem nele. Tudo o mais virá por acréscimo.

É o próprio Senhor que cuida de nós e nos dá ânimo e coragem para batalhar pelo pão de cada dia. O essencial, porém, é o Pão da Vida.

Como o próprio Jesus nos diz: "Trabalhai não pelo alimento que perece, mas pelo alimento que permanece até a vida eterna, e que o Filho do Homem vos dará. Pois a este, Deus Pai o assinalou com seu selo". (Jo 6,27)

A Eucaristia é o alimento que permanece para a vida eterna: "Jesus respondeu: 'Em verdade, em verdade, vos digo: não foi Moisés quem vos deu o pão do céu. É meu Pai quem vos dá o verdadeiro pão do céu. Pois o pão de Deus é aquele que desce do céu e dá vida ao mundo'" (Jo 6,32-33). O verdadeiro pão do céu, alimento para a vida eterna, é a Eucaristia. É por este alimento que devemos batalhar.

A Eucaristia nos traz algo ainda mais grandioso: recebendo dia após dia o Corpo de Cristo, recebemos a "matéria-prima" da vida eterna e da glória celeste que vamos viver.

> Se a Eucaristia é o memorial da Páscoa do Senhor, se por nossa comunhão ao altar somos repletos "de todas as graças e bênçãos do céu", a Eucaristia é também a antecipação da glória celeste (Catecismo da Igreja Católica n.1402).

No Brasil existem grutas muito profundas, onde é possível observar um fenômeno belíssimo da natureza, as "estalagmites" e as "estalactites", formadas pelo gotejamento de água saturada em calcita. As gotas de água contêm uma percentagem de calcita. Nas estalagmites, quando as gotas caem pelas infiltrações, a calcita se acumula pouco a pouco, formando belíssimas estruturas no solo, de baixo para cima.

Tais grutas são muito antigas. Nelas, com o passar de milhares de anos, formou-se também o que chamamos de "estalactites", gotas de água que passam pela infiltração, mas não chegam a cair: se solidificam ali mesmo, de cima para baixo. Os dois fenômenos são resultados de séculos.

Algo lindo e maravilhoso acontece na Eucaristia, momento em que recebemos o Corpo do Senhor. O Corpo ressuscitado de Jesus nos preenche com a "matéria-prima" da ressurreição, que se acumula de comunhão em comunhão. Assim, no dia em que o Senhor chegar e nos der "a ordem", o nosso corpo, que o recebeu na Eucaristia, ressuscitará dentre os mortos.

Em cada Eucaristia, Jesus deixa em nós as sementes da vida eterna.

> Se a Eucaristia é o memorial da Páscoa do Senhor, se por nossa comunhão ao altar somos repletos "de todas as graças e bênçãos do céu", a Eucaristia é também a antecipação da glória celeste. Quando da Última Ceia, o Senhor mesmo dirigia o olhar de seus discípulos para a realização da Páscoa no Reino de Deus: "Desde agora não beberei deste fruto da videira até aquele dia e que convosco beberei o vinho novo do Reino de meu Pai" (Mt 26,29). Toda vez que a Igreja celebra a Eucaristia lembra-se desta

promessa, e seu olhar se volta para "aquele que vem" (Ap 1,4). Em sua oração, suspira por sua vinda: "Maranathá" (1Cor 16,22), "Vem, Senhor Jesus" (Ap 22,20), "Venha vossa graça e passe este mundo!" (Catecismo da Igreja Católica, n. 1402-1403).

Adorável Corpo do Senhor

Nos arredores da cidade de Lamada, na Itália, no ano de 1330, aconteceu um milagre relacionado à Eucaristia.

Um sacerdote foi chamado para administrar os últimos sacramentos a um agricultor enfermo. Numa atitude de relaxamento, o sacerdote pegou a hóstia consagrada de dentro do Sacrário, colocou-a dentro do seu Breviário (livro do Ofício Divino que os sacerdotes rezam todos os dias) e foi atender o doente. Ao chegar lá, ouviu-o em confissão. Quando foi dar-lhe a comunhão, abriu o livro na parte em que havia colocado a hóstia: as páginas estavam ensanguentadas. Então, o sacerdote foi tomado de um profundo arrependimento. Ao mesmo tempo, sua fé, outrora tão relaxada, foi reavivada.

Confuso e arrependido, voltou ao convento dos Agostinianos para relatar o ocorrido ao padre Simón Fidati, religioso e teólogo beatificado pela Igreja algum tempo depois. Primeiramente, confessou-se com o sacerdote, porque havia pecado contra o Corpo e Sangue do Senhor, depois apresentou-lhe o livro e o resultado do seu "relaxamento".

Misericordiosamente, o Senhor quis demonstrar ao sacerdote que Ele estava presente naquela hóstia, por isso deixou ali as marcas do seu sangue.

O padre Simón Fidati guardou aquela relíquia em Cássia (onde estão os restos mortais de Santa Rita). Lá está também a página do livro do Breviário com a marca de sangue, exposta para que todos possamos ver e não cairmos no relaxamento e na rotina, a fim de não sermos réus do Corpo e do Sangue do Senhor.

O mais interessante é que quando se coloca uma luz atrás da página ensanguentada também se vê o perfil do rosto de Cristo. É um segundo milagre.

O primeiro milagre é a página do livro ensanguentada; e o segundo, o perfil do rosto de Cristo presente ali. Um milagre dentro de outro milagre.

A Eucaristia, embora se mostre na pobreza do pão e do vinho, não é algo sem importância! Isso foi proclamado por São Paulo em sua primeira Carta aos Coríntios:

> "Por isso, meus caríssimos, fugi da idolatria. Eu vos falo como a pessoas esclarecidas. Ponderai vós mesmos o que eu digo: o cálice da bênção, que abençoamos, não é comunhão com o sangue de Cristo?" (1Cor 10,14-16).

Quando comungamos, entramos em comunhão com o sangue de Cristo; com o corpo ressuscitado do Senhor. Recebemos em nós a semente da ressurreição.

Paulo não viveu com Jesus como os apóstolos. Ele converteu-se bastante tempo depois da sua morte, recebendo uma revelação diretamente do Senhor. Por isso, disse:

> De fato, eu recebi do Senhor o que também vos transmiti: Na noite em que ia ser entregue, o Senhor Jesus tomou o pão e, depois de dar graças, partiu-o e disse: "Isto é o meu corpo entregue por vós. Fazei isto em memória de mim". (1Cor 11,23-24)

Ele nunca diria "recebi do Senhor o que também vos transmiti" se não fosse real.

Os outros apóstolos, que estiveram na Última Ceia, viram, tocaram, receberam de Jesus o pão e o vinho consagrados, mas Paulo recebeu isso por revelação:

> Do mesmo modo, depois da ceia, tomou também o cálice e disse: "Este cálice é a nova aliança no meu sangue. Todas as vezes que dele beberdes, fazei-o em minha memória". De fato, todas as vezes que comerdes deste pão e beberdes deste cálice, estareis proclamando a morte do Senhor, até que ele venha. Portanto, todo aquele que comer do pão ou beber do cálice do Senhor indignamente, será culpado contra o corpo e o sangue do Senhor. (1Cor 11,25-27)

Aí está a prova mais linda da presença real de Jesus na Eucaristia. Eis o que eu recebi do Senhor e o que vos transmiti. Como alguém poderia ser culpado para com o corpo do Senhor, recebendo-o indignamente, se Ele não estivesse realmente ali debaixo das aparências do pão e do vinho?

Diante disso, precisamos nos examinar para não recebermos o Corpo do Senhor indignamente. Precisamos acautelar-nos para não cair na rotina e no relaxamento. O milagre eucarístico não aconteceu para corrigir apenas a atitude daquele sacerdote, mas também para corrigir o nosso relaxamento. Peçamos ao Senhor a graça de o recebermos com o coração aberto, em atitude de louvor e adoração.

Quando o anjo apareceu aos pastorinhos Lúcia, Jacinta e Francisco, ele lhes ensinou uma oração em desagravo ao Senhor presente na Eucaristia. Pediu que rezassem sempre: "Meu Deus!

Eu creio, adoro, espero e amo-vos. Peço-vos perdão para os que não creem, não adoram, não esperam e não vos amam".

Precisamos pedir ao Senhor um coração cheio de amor e respeito pelo seu corpo presente na sagrada Eucaristia.

Reconhecer Jesus presente na Eucaristia

Pe. Degrandis, sacerdote josefino, ao passar pelo Brasil, nos contou um forte testemunho a respeito da presença real de Jesus na Eucaristia.

Um homem que se libertou de uma seita satânica, a qual frequentou durante muitos anos, contou que lá se celebravam as chamadas "missas negras". Na missa negra, o nome de Jesus é repetidamente blasfemado com o objetivo principal de ultrajá-lo. Por isso, os participantes dessa seita são obrigados a roubar hóstias sagradas nas igrejas para celebrar o ritual. Agem assim porque o Senhor deles, o diabo, reconhece que Jesus está presente na hóstia consagrada.

Tudo isso acaba sendo uma repetição do que aconteceu com Jesus no pretório de Pilatos: Ele foi esbofeteado, coroado de espinhos e açoitado; recebeu um manto real e como cetro uma cana; dobrando-se diante dele, zombavam e escarravam no seu rosto.

O próprio satanás acredita e vê Jesus presente na Eucaristia. Os seguidores dessa seita sabem e acreditam também, por isso blasfemam o Senhor, cobrindo-o de injúrias e chegando ao ponto de roubarem hóstias consagradas. Se o Senhor não estivesse presente na Eucaristia, não haveria motivo nenhum para tal atitude.

Não sejamos fracos nem tenhamos medo ou vergonha de ficar horas diante de Jesus na Eucaristia. Precisamos nos dobrar diante do Senhor!

Chega a ser um desafio adorar Jesus na Eucaristia, pois nossos sentidos não veem nada. É somente pela fé que conseguimos acreditar.

Mas satanás tem olhos sobrenaturais, tem a visão espiritual – porque é um espírito – e vê o Senhor na Eucaristia. Tanto assim que o ultraja e quer que os seus também o façam.

O que Jesus espera e deseja de nós é que o adoremos, o amemos e entendamos o sacrifício que fez por nós.

Jesus aceitou tudo isso por amor. Mesmo sabendo que ao se fazer pão e vinho estaria sujeito a ser ultrajado, blasfemado... Ele aceitou tudo por amor a nós.

Tome consciência disso e diga:

Por amor a mim, o Senhor aceitou sofrer. Ele sabia que eu precisava da Eucaristia, que eu precisava receber a força da ressurreição, para que, chegado o dia, ouvindo sua palavra de ordem, eu ressuscitasse com Ele. O Senhor aceitou tudo, até ficar sujeito às blasfêmias, aos insultos, por amor a mim! Jesus me amou tanto que quis vir ao mundo e se fazer um comigo.

Jesus mesmo disse: "Isto é o meu corpo; Isto é o meu sangue". Diante dessa afirmação de Jesus, precisamos acreditar: Ele é o pão da vida.

Na ocasião da morte de Lázaro, irmão de Marta, Jesus perguntou a ela: "Eu sou a ressurreição e a vida. Crês nisto?" (cf. Jo 11,25-26). Lázaro já estava morto havia quatro dias quando Jesus chegou a Bethânia. Marta estava diante do impossível. Seu irmão estava morto e sepultado: já cheirava mal. Mesmo assim, diante dessa palavra de Jesus, ela diz: "Eu creio firmemente que tu és o Cristo, o Filho de Deus" (Jo 11,27).

Diante do mistério da Eucaristia, o Senhor nos faz hoje a mesma pergunta que fez a Marta: "Crês nisto? Crês que estou realmente presente na hóstia consagrada?".

Existem duas maneiras de não acreditar nessa realidade. A primeira é não crer realmente. A outra é acreditar, mas ter atitudes e sentimentos diante da Eucaristia que não correspondem à nossa fé.

O Jesus que andou no meio do povo para tocar e ser tocado, que percorria as terras de Israel, que fez milagres, que ressuscitou Lázaro, é o mesmo que está na Eucaristia. Não o vemos, mas sabemos que Ele está ali. É preciso, então, que expressemos com atos a nossa fé e nos dobremos diante de Jesus. Precisamos reconhecer e declarar a nossa falta de fé para que o Senhor venha em nosso auxílio.

Vem à nossa lembrança o diálogo daquele pai aflito que traz para Jesus o seu filho possesso. O pai vai ao encontro de Jesus dizendo: "Se podes fazer alguma coisa, tem compaixão e ajuda-nos". Jesus lhe disse: "Se podes...? Tudo é possível para quem crê" (Mc 9,22-23). Nesse momento, o homem se prostrou e disse: "Eu creio, mas ajuda-me na minha falta de fé" (Mc 9,24). Ele reconheceu e declarou a sua falta de fé.

Foi por isso que compus o terço que rezamos muito. Ele se chama: "O Terço da Fé". É um remédio eficaz para fortalecer a nossa fé na presença real de Jesus na Eucaristia.

Nas contas grandes do Pai-nosso, proclamamos a palavra de Jesus: "Eu sou o pão da vida. Isto é meu corpo. Isto é o meu sangue. Crês nisso?".

Nas contas da Ave-Maria, damos a resposta: "Meu Senhor e meu Deus, eu creio. Vem em socorro da minha falta de fé".

Não se trata apenas de um repetição. É uma oração de saturação.

O inimigo tem atacado a nossa fé, por isso precisamos, de novo, saturar-nos com a verdade da fé. Por isso que repetimos e afirmamos: "Meu Senhor e meu Deus, eu creio. Vem em socorro da minha falta de fé".

Reze muitas vezes este "Terço da Fé". Temos provado: ele é um remédio eficaz para curar a nossa fé.

Estou disposto a morrer pela Eucaristia?

No livro de Macabeus, existe uma passagem impressionante que fala de uma mulher que viu seus sete filhos morrerem por não aceitarem comer as carnes proibidas ao povo judeu pela lei de Deus. Preferiram morrer a transgredir as leis do Senhor. Na frente de sua mãe, um a um foram torturados e mortos.

Enquanto cada um era martirizado, a mãe os encorajava a não desobedecer à lei do Senhor. Mesmo com o coração partido se mantinha firme e os exortava a não desanimar.

Quando chegou a vez do menor, pediram à mãe que o convencesse a salvar sua vida. Mas ao contrário, com muita convicção de fé, ela lhe disse:

> "Filho, tem compaixão de mim, que por nove meses te trouxe no meu ventre e por três anos te amamentei, alimentei e te conduzi até esta idade, provendo sempre ao teu sustento. Eu te suplico, filho, contempla o céu e a terra e o que neles existe. Reconhece que Deus os fez do que não existia, e que assim também se originou a humanidade. Não tenhas medo desse carrasco. Ao contrário, tornando-te digno de teus irmãos, enfrenta a morte, para que eu te recupere com eles no tempo da misericórdia".

Ela ainda falava, quando o rapaz disse: "A quem esperais? Eu não obedeço às ordens do rei. Aos preceitos da Lei, porém, que foi dada aos nossos pais por meio de Moisés, a esses obedeço. De minha parte, como meus irmãos, entrego o corpo e a vida pelas leis de nossos antepassados, suplicando a Deus que se mostre logo misericordioso para com a nossa nação e que, mediante tormentos e flagelos, te obrigue a reconhecer que só ele é Deus. Tenho a certeza de que, em mim e nos meus irmãos, deteve-se a ira do Todo-poderoso, que se abateu com justiça por sobre todo o nosso povo". (2Mc 7,27-30.37-38)

Você estaria preparado para morrer por Jesus? Será que temos fé suficiente para chegarmos ao martírio? Morrer por aquele em quem acreditamos? Estaríamos preparados para declarar nossa fé diante de juízes e algozes? Se apresentarem para nós uma hóstia consagrada, estaríamos dispostos a morrer, para não blasfemar contra a Eucaristia?

Também no livro de Macabeus lemos a história do velho Eleazar, um eminente doutor da lei que preferiu morrer a negar sua fé.

Naquele tempo se levantou uma grande perseguição contra aqueles que se recusavam a aderir ao culto pagão.

Eleazar recusou comer carne sacrificada aos ídolos, abraçando assim voluntariamente a morte. Seus amigos, para salvar-lhe a vida, queriam trazer-lhe carne não sacrificada, para que, diante do rei, ele comesse aquela carne e salvasse a sua vida. Só que Eleazar não aceitou. Confira sua palavras:

"Não é digno da nossa idade o fingimento. Isto levaria muitos jovens a se persuadirem de que Eleazar, aos noventa anos, passou para os costumes pagãos. E por causa do meu fingimento, por um pequeno resto de vida, eles seriam enganados por mim, enquanto, de minha parte, eu só ganharia mancha e desprezo para a minha velhice. De resto, se no presente eu escapasse da penalidade humana, não conseguiria, nem vivo nem depois de morto, fugir às mãos do Todo-poderoso. Por isso, partindo da vida agora, com coragem, eu me mostrarei digno da minha velhice. E aos jovens deixarei o exemplo de como se deve morrer honrosamente, com prontidão e valentia, pelas veneráveis e santas leis". (2Mc 6,24-28)

Se fizessem com você o que fizeram com Eleazar; se você fosse apresentado diante de juízes para que negasse sua fé em Jesus Eucarístico, e seus amigos, para livrar você da morte, apresentassem uma hóstia não consagrada, você estaria disposto a morrer pelo Senhor para que nem mesmo se pudesse pensar que você estaria negando a sua fé na presença real de Jesus na Eucaristia?

Esteja certo, você não morreria por uma hóstia consagrada, você morreria pela sua fé.

As primeiras comunidades eram sustentadas pela Eucaristia, por isso eram cristãos cheios de força e de coragem. Com fé e devoção participavam da celebração, sabendo que ali receberiam o Senhor.

Nesses últimos tempos, o Senhor quer despertar novamente a nossa fé, porque precisamos, mais do que nunca, da Eucaristia.

Como naquela época, vivemos rodeados de uma moral totalmente pagã, longe de Deus, numa confusão terrível: agressão, violência, despudor, imoralidade, corrupção...

Para nos manter como cristãos cheios de fé, que vivem o Evangelho e que marcham contra a correnteza, precisamos da Eucaristia.

Ser cristão hoje é ser mártir, mesmo que não derramemos o sangue e morramos por Jesus.

Neste mundo totalmente contrário ao Evangelho, estamos revivendo a fé dos mártires: a fortaleza dos primeiros cristãos. Por isso o Senhor quer nos fortalecer com o pão dos fortes, com o pão dos mártires, o pão dos primeiros cristãos: a Eucaristia.

> Tendo Cristo passado deste mundo ao Pai, dá-nos na Eucaristia o penhor da glória junto dele: a participação no Santo Sacrifício nos identifica com o seu coração, sustenta todas as nossas forças ao longo da peregrinação desta vida, faz-nos desejar a vida eterna e nos une já à Igreja do céu, à santa Virgem Maria e a todos os santos (Catecismo da Igreja Católica n. 1419).

Reafirme agora a sua fé:

Senhor, perdão por todos os meus pecados, e pelos pecados de toda a humanidade. Dá-nos a graça da conversão e mudança de vida. Dá-me o teu Espírito Santo, para que a minha vida seja transformada. Coloca em mim o arrependimento dos meus pecados. Dá-me a contrição perfeita. Sou pecador, mas digo: "Meu Deus, eu creio, adoro, espero e amo-vos. Peço-vos perdão para todos os que não creem, não adoram, não esperam e não vos amam". Dá-me, Jesus, uma busca sincera de conversão. Quero mudar de vida. Preciso vencer o mal com o bem, vencendo a doença do pecado que está em mim. *Lava-me de todo pecado pela força da tua presença na Eucaristia, pela força do teu sangue derramado pelos meus pecados. Senhor, assumo para mim a vida em santidade e o horror a todo pecado. Dá-me a graça da cura desta doença, que é o pecado na minha vida. Extermina toda a lepra que atinge a minha alma. Assumo a santidade que tens para mim e digo "não" a todo pecado. Jesus, muda o meu coração. Eu quero a vida eterna. Jesus, sei que hoje o mais importante é a minha conversão. Converte o meu coração. Esta é a minha maior necessidade. Estou aqui para te adorar, Senhor. É uma imensa graça poder expressar com todo o meu ser o quanto te amo. Senhor, te adoro pela tua humildade em te fazeres presente simplesmente numa hóstia consagrada. Tu és Deus, Rei e Senhor, e toda a minha existência está em tuas mãos. Tu estás no controle de todas as coisas, de todos os acontecimentos da minha vida. Hoje a minha adoração é esta: colocar a minha vida no controle das tuas mãos. Não quero mais ficar controlando e dirigindo a minha vida, mas sim saber que tudo está sendo controlado e regido pela tua autoridade. Essa é a maior graça e segurança para a minha vida. Obrigado porque estás presente na Eucaristia, e dali levantas a tua súplica ao Pai, por mim. Obrigado porque pedes por todas as minhas necessidades, e colocas em meu coração amor ardente pela tua presença real no Santíssimo Sacramento. Ofereço a minha vida, é tudo o que tenho, em troca do grande presente: tu se dás a mim na Eucaristia. Amém.*